衝破慣性

BREAK THROUGH INERTIA

善用分子心理行為法治好你的3分鐘熱度

臺師大體育與運動科學系研究講座教授 ———— 洪聰敏 著

目錄

推薦序

自序

{推薦序} 微小改變帶來巨大影響

吳正己 博士

國立臺灣師範大學資訊教育研究所特聘教授、國立臺灣師範大學校長

　　洪研究講座教授是本校體育與運動科學系研究講座教授。除了是國科會傑出研究獎得主及美國國家人體運動學院終身院士，更曾是 8 屆的桌球國手，獲獎無數，是位相當難得在學、術界都享有非凡成就的典範人物。他的研究成果和學術貢獻都受到了廣泛的認可和讚譽。但他始終認為，若能將研究的成果用淺顯易懂的方式分享出去，就能幫助更多人。

　　近期不論是電視、電臺專訪，或是科普的文章分享，都搜尋到洪教授的身影。而距上次拜讀洪教授的第一本科普著作《原來大腦可以這樣練》，已時隔一年多，很榮幸能夠再次搶先拜讀這本新書《衝破慣性》。

　　本書提供很多通用的心理技巧和建議，可以幫助讀者練習克服困難和接受挑戰；同時也傳授讀者，如何衝破自己的慣性，並持之以恆的妙招，打造出通往夢想的全新迴路，每個看似微不足道的改變，都可以帶來巨大的影響，夢想將不再只是一場夢。

{ 推薦序 } 信念與行動並行，邁向成功

宋曜廷 博士
國立臺灣師範大學教育與心理輔導學系講座教授兼副校長

　　心理學有一個預言自我應驗（self-fulfilling prophecy）的說法，指的是如果我們預期某件事情、某個現象，或某種狀態會發生，時日一久，這些預期可能真的就會發生。

　　這可能只說明了一半，因為除了期待，還必須要加上具體的行動，才可能讓期待真正實現。洪聰敏教授提出「分子化通用心理技能」的 10 大模組，用簡單、具體、可行的方式訓練我們突破既有的行為習慣，並且有效地達成預期的目標。

　　雖然現代社會充滿誘惑和分心刺激，但透過洪教授的模組加上我們自己的信念和期待，相信一定能讓現代人更容易邁向成功。

{推薦序} 創造正向循環，你我共好

王鶴森 博士
國立臺灣師範大學運動與休閒學院院長

　　洪研究講座教授是運動心理領域的國際知名學者，也是國科會傑出研究獎得主及美國國家人體運動學院終身院士，更曾是 8 屆的桌球國手，獲獎無數，是位相當難得在學、術界都享有非凡成就的典範人物。

　　成功者的背後除了努力不懈之外，找到正確的方法也是極其重要的關鍵，本書即是洪教授將其成功的正確方法，拆解成 10 大模組系統的分子化通用心理技能，幫助我們以正向的態度去面對並克服運動場上、日常生活、職場及人生的困難、痛苦、失敗與挑戰的關鍵密碼。可想而知，這樣的心理技能訓練不僅適用於教練與運動員，同樣也適用於社會大眾。

　　我們確實無法期待天色常藍、花香常漫，但我們可以透過本書所提供的心理技能，改變自己，讓自己變得更好，同時更進而影響周遭的人，在正向循環之下，形成一個共好的微環境，進而創造出正向積極的幸福人生。

{ 推薦序 } 應用於不同場域的模組法寶

林靜萍 博士

國立臺灣師範大學體育與運動科學系主任

　　欣聞洪教授新書即將付梓，很榮幸能先睹為快並為新
書作序。

　　洪教授是我非常佩服的一位學者，不僅在學術研究上
有卓越的成就，並能以利他精神為基礎，將生硬的學術理
論轉化成具體可行的策略，以造福社會大眾，活化知識的
價值。

　　本書即是基於上述理念，運用心理技能「分子化」及
「通用」的特徵，建構出十個實用的模組，這十個模組並
可依據不同使用者的需求加以拆解、組合，應用在不同的
生活場域。在寫作風格上深入淺出，大量的實例、實作練
習也讓本書易於理解、應用，是一部值得推薦的好書！

{ 推薦序 } **從此刻開始身體力行**

相子元 博士

國立臺灣師範大學樂活 EMBA 研究講座教授兼執行長

聽到洪老師要出書，真是太佩服了，洪老師是教學研究都非常傑出的講座教授，教學研究這麼忙，怎麼還能抽出時間寫書？看完內容才了解，原來洪老師就是利用分子心理行為法衝破慣性，難怪行動力這麼強。

每個人似乎都有經驗，想要達到某些目標，例如：減肥或學英文，但總是敗在無法持之以恆，洪聰敏教授這本書就是運用心理技能，教大家如何一步一步達到目標。若你時常在訂計畫但卻很少完成，就應該要好好拜讀這本書，並且身體力行「衝破慣性」。

{推薦序} 知行合一：建構出穩定的神經迴路

陳美燕 博士
國立臺灣師範大學教授

　　《書經・說命》中：「非知之艱，行之惟艱。」以及漢代《孔安國傳》：「言知之易，行之難。」談的就是本書作者——國立臺灣師範大學洪聰敏研究講座教授出版之《衝破慣性：善用分子心理行為法，治好你的 3 分鐘熱度》一書中，提到從事規律運動知易行難的問題。

　　本書中，作者首創「分子化通用心理技能」，心理技能訓練以解決無法養成運動習慣的問題。將心理技能切割至微小的分子化程度，從一個細微的技能開始，循序漸進地將它融入在生活或工作中，透過不斷地應用與熟稔，建立一個規律運動的慣性循環。

　　這也呼應了明朝大儒王守仁先生的知行合一概念，也就是將心的知覺與行為活動在本質上視為一致，不僅讓大腦潛意識知道，也讓內心深層的潛意識知道。換句話說，當讀者體驗過運動的好處後，讀者的深層潛意識才能真正地知道；當讀者的深層潛意識知道了，才會將規律運動變成行動。

{推薦序} 兼具學術理論與解決方案的好書

阮啟弘 博士
國立中央大學認知神經科學研究所講座教授

　　我想讀者們都跟我一樣，最欽羨的就是會運動又會唸書的人，尤其是曾經代表國家參加比賽，現在又是頂尖大學的講座教授。本書的作者洪聰敏教授就是我最敬佩的國手學者之一。他是國際結合運動心理學和認知神經科學研究發展及應用的先鋒翹楚。洪教授是我國 8 屆桌球國手，曾奪得西日本公開賽單雙打冠軍，他也是國際桌球總會運科委員中，唯一的臺灣成員。在運動選手及從事運動科學研究的生涯之外，洪教授亦擔任國家奧運及亞運動員心理諮詢師，累積超過 20 年資歷，並曾協助射箭隊獲得奧運銀牌與銅牌佳績。他目前為國立臺灣師範大學體育與運動科學系研究講座教授，學術成果傑出豐碩，備受各方肯定。他曾榮獲美國國家人體運動學院院士（Fellow, National Academy of Kinesiology, USA），這是運動科學界之國際最高榮譽，他是近百年來第 4 位非美裔華人也是第 2 位獲得此殊榮的臺灣人。他也是臺灣第 1 位獲選國際運動心理學會的會士（International Society of

Sport Psychology, ISSP）。無論在運動競技、學術研究或實務應用等各方面的表現，洪聰敏教授都具有優異傑出的亮眼成績，十分令人欽佩。

　　本次洪聰敏教授發表的新作《衝破慣性：善用分子心理行為法，治好你的 3 分鐘熱度》，集結洪教授多年參加國際競賽的比賽經驗，在運動科學與認知神經科學豐碩的研究成果，以及整合在國家代表隊、左營國家運動訓練中心以及一般學生運動員的多元訓練心得。這些寶貴的經驗與歷練讓洪教授可以用深入淺出生動的例子，精確描述學術的理論並應用在日常生活的種種挑戰。他把人類行為中的情感、動機、注意力、認知負荷與執行功能等基本認知歷程，在日常生活中的角色描述得栩栩如生。洪教授的巧思讓讀者可以快速地萃取學術研究的精華並找出解決問題的方案。除此之外，本書舉出眾多的實例與作業，讓讀者能輕鬆的運用書中的知識並評估自己的表現。這是一本兼具學術理論以及提供解決生活各種挑戰方案的好書，讓人愛不釋手，獲益良多。我相信讀者們一定在可以在這本不可多得的好書中，找到如何快樂生活，成就事業的訣竅，以逐步邁向圓融的人生。

{推薦序} 透過強化「心理技能」，突破人生關卡

林萃芬

「松德精神科診所」諮商心理師、知名作家

　　第一次上洪聰敏教授的課程，是「松德精神科」林耿立院長特別爲診所的醫師與心理師們所舉辦的繼續教育「運動心理」課程，當時診所積極推動「運動處方箋」的概念，希望能從多元的角度，爲當事人提供更多的心理療癒資源，促進當事人身心健康。

　　自從認識洪聰敏教授後，我就多了一位良師，每當有任何關於「運動心理」的專業知能，洪教授都無私提供專業的支持與解惑，更爲我的著作《鍛鍊心理肌力》寫序，在序中洪教授提到「有效的身體肌力訓練，需要根據每個人一開始的肌力狀況，擬定適當的重量負荷以及反覆次數，並透過合理的休息間隔與營養的補充，來達到增強肌力的效果。要強化心理肌力，也可以參考身體肌力訓練的原則，首先要能提供心理負荷條件，並提供因應策略與環境支持，在適應良好（adaptive）的刺激反應循環條件下，心理負荷容量（capacity）提高了，當然適應各種環境要求的能力也就大增了。」一小段話就清晰引導我

們如何增強「心理負荷容量」。

在諮商的過程中，常常會有當事人詢問下面三個問題：

◆ 何以我花這麼多的時間、金錢學習，實際幫助卻
　不如預期？

◆ 何以每年許下的新年新希望，「達成率」卻有很大
　的落差？

◆ 如何為自己設定的目標，鋪設一條成功的路徑，
　降低挫折感？

這些疑問與困惑，在洪聰敏教授的新書《衝破慣性》中都有很好的解答與做法，在改變的過程中，要如何啟動「心理節能模式」，輕鬆達成目標，最重要的是，減少「對抗誘惑」的耗損，讚許自己的小進步，增強自己改變的信心，自然能夠不費力氣形成新的行為習慣。洪教授深入淺出說明，建置「新行為神經迴路」的科學方法，把專業「實用化」、「簡單化」、「步驟化」，輕鬆帶領我們學習駕輕就熟的心理運行模式。

這本書還提出「負荷與適應」的概念，清楚明瞭解說如何培養「優異心理操作能力」。洪教授從「解讀訊息」、「認知決策」、情感反應、「人格特質」、「成功特質」各個不同角度，來說明「心理技能」的對我們的影響，書中有段話

說得很好：「訓練『心理技能』的真正目的，不是要創造一個不會悲傷、完全目標導向的機器人，我們更不會因為開始心理技能的訓練之後，事業與人生就從此一帆風順，不再有困境顛簸。而是希望能夠透過『心理技能』的技巧，讓順境中的您，能夠持續保持熱情、繼續樂觀前行；幫助在逆境中的您，能調適自處、建立信心、勇敢面對未知挑戰。」

此外，我也很欣賞「通用心理技能」的理念：就是一種不受場域限制的心理操作能力，可以把這些技能應用在各種生活的場域中，不論是學校、職場、家庭、社交人際甚至是休閒娛樂。也就是說，練就「心理技能」，就彷彿打通心理的任督二脈，可以幫助我們自我實踐，達成自己想要的目標，讓人生沒有遺憾。

這本書是一座寶藏，值得大家細細閱讀，無論人生遇到什麼關卡，碰到什麼瓶頸，都可以拿出來翻閱，相信會給大家意想不到的啟示。

{推薦序} 如何翻轉不想改變的心

蘇文華 博士
ATD 大中華區資深講師

　　在我擅長的企業培訓領域，有關訓練成效流傳著三句話：

　　上課很激動（內心 OS：遇上好老師）；

　　下課很感動（內心 OS：沒浪費時間）；

　　回去都不動（內心 OS：為何要改變）。

　　一直在思考如何翻轉第三句話，沒想到答案出現了，就是洪老師的這本書——《衝破慣性》。

　　不管是在工作上、生活中、家庭裡，我覺得第二章提出的 10 大模組值得所有人好好閱讀，閱讀後建議大家要透過練習好好掌握進而內化，才能突破「知易行難」的心魔與障礙！

　　掌握 10 大模組後，不要以為絕世武功已練成，從小就是桌球國手出身的洪老師，多年學術研究幫大家整理出不同角色面對不同挑戰情境，如何組裝多重模組才能克服困境。相信善用分子心理行為法，我們都能治好 3 分鐘熱度的毛病，一起迎向更美好的人生！

｛推薦序｝ 訓練，就從行為模式開始

莊煥逸
DINO 乒乓綜合學院董事長、南方莊園渡假飯店副董事長

　　與洪聰敏教授結識於 2018 年 9 月開課的第一屆師大樂活 EMBA。第一次上洪教授的課即被震撼到，因為教授加入我們每個 Line 群組中，以了解每位同學所設定的運動目標執行情況，教授為了讓每位同學皆能養成良好的運動習慣，如此熱忱地參與，令人敬佩。

　　洪教授的專業知識及理念，讓我不斷的在傳統運動及運動認知神經科學中產生巨大的衝擊，原來，運動不僅僅是身體的運動，更是大腦的啟發，一樣你我曾經熟識的桌球運動，其實包含了你我所不熟悉的運動心理學，洪教授讓我對運動有了不同的定義。從此與桌球結緣，更因此而和洪教授共同創立 DINO 乒乓綜合學院。

　　相信很多的企業為了提升公司的整體產能，制定並花費了大量的心思及金錢在教育訓練上；人類的慣性行為，不是一朝一夕就能改變，尤其是工作上的認知與習慣，因此，訓練專家及哲學家，分別從不同層面探討行為改

變的方式及改變後的效益，在《衝破慣性》書中，從科學驗證及心理分析層面，用淺白的文字敘述大腦控制行為的科學改變模式，如同身體負荷與適應，相信書中內容會給予企業主、高階主管、訓練人員不同的思維模式，衝破慣性的思維制定新的教育訓練方針。

　　極力推薦《衝破慣性》一書，可以思考再三、探討應用，除職場上，更能應用在家庭教育上；尤其在競技訓練上，給予運動菁英在訓練及心理，有更加明確的訓練守則。

{推薦序} 強大的成果總姍姍來遲，
###　　　　所以等到的人始終不多

曾荃鈺
運動員生涯規劃發展協會理事長、中區 50 嵐集團企業關係部副執行長、《場外人生》作者、廣播節目主持人

　　同樣身為運動產業中的教育工作者，閱讀這本洪聰敏教授的《衝破慣性》，許多章節讓我頻頻點頭，書中有許多隨學即用的好方法，可以幫助你建立新的大腦迴路，像鳴槍後起跑一樣，一開始氣喘吁吁，很不適應，但漸漸你就會腳底生雲，越跑越順，這就是透過養成心理技能，衝破慣性帶來的感受。

　　我個人在協助運動員思考生涯規劃時，其實最害怕遇到一種人，他羨慕你的生活，可當你告訴他方法時，他就突然往後一個大撤步，回你說：「老師，我好羨慕你可以做好教學演講，又兼顧每個月寫專欄文章，我也想寫點東西，但每天工作完就累翻了，根本就沒有時間，也不像你這麼有紀律。」

　　你發現了嗎？這就是多數人的盲點，以為自己難以改變，甚至認為改變習慣要靠的是意志力或不死心的堅

持，眞是大錯特錯。洪聰敏教授透過科學化的方法跟我們談，爲何我們總是 3 分鐘熱度，虎頭蛇尾，無法堅持？其實，要想做出改變，建立新的心理技能肌肉，跟運動員鍛鍊肌肉的步驟一樣，不能突然就高強度大重量，你應該要在達標的 A 計畫跟舊習慣間，寫下 B 計畫，客觀檢討目標與舊習慣間的落差，並肯定自己每次的小進步、小改變。只要這個過程反覆越多次，新行爲也就會愈來愈自動化，最後成爲習慣，不費心力。

《衝破慣性》書中詳細介紹了 10 項通用心理技能模組，最後一章還彙整不同情境下的應用法，讓你隨看即學，遇到狀況卽可翻閱提醒，透過反覆微小調整，強化你的神經連結，形成正向循環，讓技能彼此相互增強。這本書就像是武林秘笈中的九陽神功，學起來內力提升，對你修練任何其他武功都大有好處，畢竟每個人的境遇、環境、心理狀態各不相同，但當你有了九陽神功護體，將能在必要時排列組合你的心理技能，用更正向的方法轉念回應問題，很可能過去視爲危機的情境，將成爲轉機。

人生很複雜，不是百分百樂觀的人就會成功，也不是永遠在逆境中咬牙不放棄就能度過，訓練自己正向的心理技能習慣，目的不是要讓我們成為做事高效，戰無不勝的工作機器人，而是要提升我們的適應性，就像跑步一樣，擁有正向的心理技能習慣，讓你無論面對順風或逆風，大腦像是為你裝上了手扶梯，讓你的人生可以扶搖直上。

強大的成果總姍姍來遲，所以等到的人始終不多，該怎麼辦？我們都知道要考上醫科需要讀一讀班上學霸的共筆，要想改變習慣重建心理技能可不能只靠自己，你需要專家指路，這本《衝破慣性》將幫助你最大化與環境互動的效益，衝破習慣的枷鎖，開始迎接更豐盛的人生。

{推薦序} **別小看一個習慣的力量**

李心怡
創集團碩泰公關公司總經理

　　生命中的每一刻都是寶貴的，但多數人常常被慣性思考所困擾，無法克服惰性，讓自己處於一種停滯不前的狀態中，要真正破解這個問題，需要專家帶領你啟動改變。

　　習慣的力量是巨大的，不管是好習慣或是壞習慣。在臺師大樂活 EMBA 洪老師的課堂上，因為充分體會 10 大心理技能模組的訓練而改變，我從不運動到畢業後養成多面向規律運動習慣，就是他循循善誘的教導。

　　洪老師像衛星般身居制高點，俯瞰學生們的行進路徑，總會適時提醒指點，讓你可以按自己的節奏及能力前行。猶記得上完第一堂課，我就一直鼓勵洪老師出版讓更多人受惠，終於讀到《衝破慣性》寶典。

　　洪老師有一系列針對運動員、上班族、考生與家長的系列課程，加入「聰敏腦教室」FB，要求成為他課堂上的學生，讓他幫你創造人生的無限可能性，成為你尋夢路上的良師益友。

　　夢想是不會發光的，發光的是正在追夢的你！

{自序} **回首初衷**

　　在超過 30 年的學術生涯中，比起發表國際高影響力
期刊論文，寫科普應用類的書，除非很賣座，否則 CP 值
好像不高。但是，我卻在第一本《原來大腦可以這樣練》
出版後不到 2 年的時間，馬上要出第二本科普應用的書
了。這個想法的轉變，跟當初在美國一取得博士學位，
即使馬上就獲得很好的工作 Offer，卻還是毅然決然選擇
回到自己國家的初衷有關。

　　自小出身農家的我，一路受到國家社會的栽培，才能
有機會以公費身分到美國頂尖大學鑽研最先進的知識與
技術，回國後又一直有科技部、教育部等政府單位的研
究經費補助，讓我能夠創立實驗室、組織研究團隊，實
現學術研究者想要透過發現新知識與研發新技術，創造
人類更美好生活的夢想。因此，撰寫一本科普應用類的
書籍，讓學術新知能夠藉此被廣大的民眾理解，進而受
益，是在耕耘學術論文發表後，實現這個夢想的另一個
途徑。

　　選擇撰寫一本跟「行為改變」有關的書。緣起於看到
快速變動的世界節奏，變動帶來挑戰與未知。有些人能

夠順應趨勢借力使力，有效運用新知識與新科技，以事半功倍的效率，快速達成目標、實現夢想，享受工作與人生的戰果。但是，也有許多人被這個不斷進化的新世界壓得喘不過氣，每日疲於奔命在應付工作與生活的各種要求，身心都受到極大的負面影響，更遑論要享受人生了。

當多數目光都聚焦在要如何掌握最新科技，學習高效工作技能的同時，似乎比較少人去關注，即使在同一個班級裡，大家都學著一樣的技能，但在幾年之後，就是會有不同的結果，有人將所學發揮得很成功，有人則是表現地很普通。究竟是什麼因素造成這些輸入相似，但是輸出結果卻迥然不同的情況？雖然坊間已經有許多心理勵志的書籍，提出了一些重要的心理技能概念，例如：恆毅力、心理韌性、心理彈性、逆境成長力、復原力、抗壓力、領導力。這些心理技能概念確實都非常重要，但卻比較像是組合拳，必須要組織運用幾個很熟練、精緻化的個別技術，才有辦法在對戰中施展，達到目標。否則即使知道重要性，知道概念是甚麼，卻往往還是無法做到。本書就是因為這樣的觀察而起心動念，進而提出「分子化通用心理技能」的概念，把建構上述組合拳的

關鍵心理基本動作介紹給大家，當熟練這些基本動作之後，自然可以流暢變化出各種組合套路，練就出強大的心理力，在瞬息萬變的環境中應變自如，如魚得水般享受健康、成功與快樂的人生。

這本書能夠付梓，還是受到許多貴人的協助，首先，要再次感謝樂活 EMBA 第二屆校友心怡的持續鼓勵與牽線，時報出版社趙董事長、編輯宜家以及團隊成員們的協助與支持。再來要感謝國立臺灣師範大學、運動與休閒學院、體育與運動科學系、樂活產業高階經理人碩士在職專班，提供優異的學術研究與應用環境，讓我無後顧之憂地自由揮灑。感謝大弟子臺師大張育愷研究講座教授、二弟子台大洪巧菱副教授、實驗室共同主持人臺北市立大學黃崇儒教授，持續不斷地協助帶領臺師大運動心生理學實驗室的伙伴耕耘學術研究與應用。再來是我的研究生庭佑、建霖、家豪、張塵、品伃、長佑，助理佳雯等人協助收集相關資料。當然，內人政宜、小犬 Cory 與 Eric 無條件的支持更是重要的力量。也要感謝這麼多長官與朋友願意為本書寫推薦序。值此付梓之際，謹向所有我人生的貴人們致以衷心的謝忱！

第 一 章

前 言

　　坊間已經有非常多的心理與勵志相關書籍，提供非常多經過科學驗證，有用的知識與方法讓我們變得更好。確實可能有一些人在讀完這些訊息後，能起而行而產生很大的改變。但是卻還有更多人在讀完這些聽起來很有道理、方法看起來也不難的書籍或文章之後，即使心中想要學習書中教的方法來讓自己變得更好，到頭來卻還是依然故我，生活照舊。

　　想讓自己變得更好的渴望，大部分人都有，因此讀到一篇文章、聽到一場講座，當下內心澎湃與觸動。但是這種知道、想要的衝動，卻往往只有三分鐘熱度、虎頭蛇尾、最後總是做不到。為什麼明明內心有這麼大的渴望，結局卻常常是半途而廢？

　　「知易行難」是一般大眾無法達成目標的主要原因。本書的目的，即在透過行為習慣的心理運作機制，說明造成「知道卻做不到」的主要原因。並以獨創的「分子化通用心理技能」，提供立基於科學的系統化模組，並以職場、家庭、競技運動場……等不同場域的實例說明，幫助大家一步步達成想要的改變，讓「知道」當下所產生的觸發感動，連結到新行為的啟動，並透過有效正向的神經迴路，鞏固新行為，使之成為習慣，藉由正向循環來產生蝴蝶效應般的人生大進化！

一 「知易行難」的通病

　　哈佛商業評論在 2019 年的一篇文章指出，光是 2016 年，全球公司在企業訓練和員工教育上的花費高達 3,590 億美元；但令人出乎意料的是，這麼鉅額的投資，所換來的報酬率卻很差。不僅 75% 的主管不滿意教育訓練帶來的效果，70% 的員工也覺得無法將教育訓練教導的技能應用到工作崗位上。許多公司評估這個所費不貲的訓練計畫，雖然員工在接受訓練當時，確實受到了啟發，有更多的知識，但是卻很少能夠把這些知識用出來，回到原本的工作崗位，情況並沒有什麼改變。所以提昇一個人的知識只是改變的第一步，如果沒有實地持續去做，還是用處不大 (Glaveski, 2019)。

> 　　學習新知，是改變的第一步。
> 　　知道了更有效的方法、找到了更好的解答，只是發動引擎，如果沒有穩定持續地踩下油門，車子還是無法前進，只會耗盡油料，停留在原地打轉。

　　如同每到歲末年終，我們最常做的，就是許下「新年新希望」。買了一本全新的行事曆，寫下嶄新的計畫，對

未來充滿信心 ——

今年要把英文學好！

今年要開始上健身房！

今年要養成閱讀習慣！

今年要開始寫日記、寫文章！

然而，現實卻往往不如預期。

根據我國著名週刊在 2018 年的調查發現，只有 3.5% 的國人，可以全部完成上個年度所訂下的新年願望。國外更有調查顯示，80% 的新年新希望，往往會在新年的第二個月就以失敗告終，然後年復一年的循環……

既然「新年新希望」的失敗率如此之高，為什麼大家還是一直重複執行如此的儀式呢？

我們可以從以下兩個角度去思考：

其一，人們之所以會想在新年度的一開始，立下嶄新的計畫。起源於每個人的內心，其實都期許著自己能變得更好，都想在某些時刻啟動改變、戒除陋習，創造出更好的自己。

其二，之所以一再反覆，打掉重練，則是因為理想目標與真正能夠執行的狀態之間，有著過大的落差，而且過程中又沒有找到正確可行的有效計畫，所以往往會從

一開始的興致勃勃，到最後變成不了了之。

達成目標的路太遠，沿途的干擾誘惑太多。

我知道！

我想要！

卻做不到……

要解決大多數人「知易行難」的通病之前，可以透過**認知神經科學**來了解到底是什麼原因，讓我們不能輕鬆地「知易行易」？

人類每個外顯行為的背後，都是數以百萬計的神經元連結互動後的結果。在日常生活中，約有一半的行為源自於習慣。想想您每天早起刷牙，是用左手？還是右手擠牙膏呢？出門穿鞋，先穿左腳？還是右腳？用哪隻手拿水杯？坐捷運時，是不是幾乎都站在差不多的月台位置？走進便利商店，完全不需要看招牌就可以說出「熱美式不要糖」？這些看似沒有經過思考，就能順利運作的日常，是因為經過無數次反覆之後，在大腦中已經形成一**套穩定的神經迴路**，並以自動化的方式進行著。

明天開始，您可以試試以非慣用手拿鑰匙鎖門、試著提早一個路口過紅綠燈、試著換換咖啡口味、試著做一

點跟平常不一樣的事情，您會發現之前做起來毫不費力的事，變得都要多想一下，感覺不太習慣，甚至可能覺得有點不順、有種腦袋在打架，卡卡的感覺。

那是因為，大腦裡面原本習慣的神經迴路路徑，被您改變了！

這種需要多想一下，卡住、不流暢的感覺，會讓人覺得不舒服；需要先停下來思考再行動的這個過程，會讓人覺得耗神疲累，無法堅持，會讓我們想要選擇回到改變前的習慣「舒適圈」，繼續原有不費力的慣性模式。

這就是為什麼我們常常做事 3 分鐘熱度、虎頭蛇尾的原因。

如果將行為背後運作的神經網絡，想像成電腦的程式碼一般，只要啟動特定的指令，就會執行相對應的動作。上面那種卡卡的感覺，就是因為我們在原有的網絡中，加入或移除某些成分，這個動作會讓原本通行無阻的網絡，出現阻礙、降速，甚至停滯。

我們想要改變習慣（建構新行為），就是一種重新編碼的過程，需要建置新的神經迴路（例如：認知基模）。知易行難的原因也在此，當我們聽到一個訊息，（建立好的生活習慣可以讓您變得更年輕；維持運動習慣可以

降低心肌梗塞的發生機率、預防阿茲海默症……等等），「知道」這些資訊往往只需要短短幾分鐘，這些振奮人心的訊息，也很容易觸發我們想要開始行動的強烈慾望。

但是，如果沒有透過反覆執行、回饋、修正的過程，穩定建立起新的神經迴路路徑，那些激勵人心的點子，永遠只會短暫掠過腦海，無法得到具體實踐。像參觀健身房之後，信心十足立志這次一定要改變，毅然決然買下整年度的課程之後；像每次聽完成長激勵講座，滿滿的感動與省思，決心重新思考人生方向、決心脫胎換骨之後，多數的人最後還是回到了原點。

1. 想要做，知道應該要做；

2. 但路徑沒有改變，仍舊只會在同一個循環中打轉，

3. 不會憑空抵達新的終點。

二 建置「新行為神經迴路」的科學方法

首先，我們得先了解，人類除了由大腦皮層以下的神經（如：脊髓）就可以完成的反射動作（如：膝反射）之外，其他的行為，大部分是經由大腦神經迴路控制後的產物。即便是經驗豐富不看食譜就能做出滿漢全席的廚師，或者是不需要地圖就可以抄捷徑帶您抵達目的地的計程車司機，還是根本完全不用想就知道每天要怎麼從公司回家的上班族。這些駕輕就熟的動作，早已被大腦**重複思考／運作**太多次，早已建立起**穩定的神經迴路**，才能以**自動化**的方式運行，讓我們感覺根本不需要特別「有意識」去想，就可以輕鬆完成；讓我們誤以為那些熟能生巧的事，根本不需要用腦。

假設您會開車，可以試著回想第一次坐上駕駛座，握著方向盤時的緊張感；現在的您，可能已經可以邊開車邊聽著喜愛的音樂，還能大聲地跟著哼唱了。這兩者的差別在哪？相信您一定已經知道了。

為什麼我們要有自動化的運行模式呢？因為人類的大腦是一個非常耗能的器官，雖然體積只占身體的 2%，卻有著體內最龐大、最密集的血管網絡，需要全身 20% 左右的血流養分才足以支撐運作。為了維持如此重要又耗

能的器官正常運作，大腦就得採取謹慎節能的機制，靠著自動化的運行模式，藉由穩固的神經迴路自然運作，可以節省每次都得重新判斷思考的能量耗損。

透過如此精明的節能模式，我們就能夠更有效率地運作生活的日常，將有限的能量放在學習新事物或者需要高度專注的工作上。

這個看似完美的設計，有一個很重要的關鍵：建立起的自動化行為模式，必須是有益身心健康，能夠提升我們生活品質的。如果您的「習慣」是每天睡前追劇、看到甜食就會失控、長時間的坐式生活、或者每晚都要來一份重口味的宵夜……等等。那麼就必須想辦法開始改變、拆解、建構新的神經連結網絡。

「想讓自己變得更好」、「我要開始改變」，這些念頭，相信一定不只一次出現在您的腦海。或許您也曾經用過一些方法，可能成功，可能失敗。現在，讓我用科學跟您解釋緣由，往後相信您會更清楚問題的癥結，也會更知道要怎麼面對卡關的時刻，願意為了完成目標再多堅持一點了！

透過上面的說明，相信聰明的讀者已經知道，要改變舊有的不良習慣，得先在大腦中建置一條**新的神經迴路**。

看看這張圖，在一道匯集水流已久的小河旁邊，想鑿

出一條新的水道，會遇到什麼情況？

一開始，舊有的小河，還是完全不費力地就匯集了 99.99% 的水流；剛開挖的新水道淺淺的，可能只有不小心灑過去的 0.01%，感覺對新渠道根本完全沒幫助；反覆經過十次水流之後，大概也只有 0.1% 的小小水滴進到新溝渠；再反覆十次，看起來好像也沒多大的改變。很多人在這個時候，就會選擇放棄不做了，因為努力半天也沒看到進展，只是白費力氣，那就乾脆繼續讓水（自然地）流向本來的路徑就好。

但是，如果此刻的您可以看見從 0.01% 到 0.1%，其實已經大幅進步了 10 倍，能夠看見每一次水流都默默刻蝕著新溝渠的深度，那麼您一定會有滿滿的信心與動力持續向前。而且，每當更多比例的水流向溝渠，除了增加新溝渠的深度之外，也同時在把原本很深的舊溝渠填補，逐步降低它的深度。很快地，就能看見大於 10 倍的躍進！

需要足夠的反覆，一次又一次的鑿刻，直到水流流向完全改變為止。

透過鑿刻新水道的例子，我們可以看到幾個重要的成

功要件：

第一，放大微小的進展。從幾乎被忽視的 0.01%
中，看到已經不同於過往的改變。把 0.01% 到 0.1% 的
進步，解讀成是 10 倍的躍進，增加自己繼續前進的動
力，讓自己更有自信一步步完成目標。

第二，縮小目標的進程。如果一開始就把「鑿刻出一
個新水道」當作是唯一目標的話，過程中，就只會注意到
水道是否已經完成？也就是要達到 100% 才算成功。這
樣只有 0 跟 1 的設定，會讓我們很快就失去動力。無法
完成目標的挫敗感，更會讓人喪失信心與勇氣。此時，
如果我們可以學習把「終極目標」切成許多小等分，不但
可以比較容易完成，在達成每個小目標的同時，也會產
生更多的信心，推進自己往下一步邁進！（這是兩個非常
重要的心理技能，在後面的章節中會再加以詳述。）

以鑿刻新水道的例子向各位讀者說明，在大腦中建置
「新行為神經迴路」的過程也是如此。

開啟改變的第一步，**就是自覺**。我們必須倚靠**大腦執
行長——前額葉**，察覺到自己需要脫離原有的舊習慣模
式，察覺自己**需要**開始**改變**。

接著透過「執行功能」的**引導**，意識到自己的不足或
是可以改進的地方，並開始進行**設定目標→擬定計畫→**

執行→監控→及時回饋檢討→修正→再次執行的步驟。
透過無數次的反覆，如鑿刻新溝渠般不斷加深印記、強化軌跡，最終穩定成為自動化的連結迴路，形成習慣（水流方向完全改變）。

　　接下來，以戒除甜食／飲料為例，來讓您更具體了解，要怎麼一步步進行改變，並且成功改變。

　　假設舊有的習慣：每天午餐之後，都要來一杯全糖的飲料。

　　透過大腦執行長（前額葉）**意識**→為了健康與優美的體態，必須要改變。

　　所以下定決心，從現在起，再也不喝飲料了！

　　設下這個目標，您覺得成功的機會比較大？還是失敗的機率比較高？

　　相信您應該可以猜到答案。從每天都要喝飲料的習慣，直接變成完全不喝，就是前面提到只有 0 跟 1 兩個選項。沒有中間緩衝彈性的空間，會讓原本就不容易的改變過程更加困難。訂定一個完美的理想，期許自己向前躍進，這個目標 100% 正確！但是抵抗誘惑很困難，克制慾望很辛苦，此時，人們就會默默地回到自己最習慣的模式，回到最舒適的圈子，打回原形，失敗告終。

若改用「**建置新行為神經迴路**」的方法，由大腦執行長（前額葉）意識要改變，開始執行計畫之後，持續地**監控**（記錄新計畫實際執行的狀況），客觀檢討與舊習慣之間的落差。例如：新目標是從每天都喝飲料改為一週喝三天，但實際執行的第一週當中，有五天喝了飲料。此時，我們要先**肯定**自己有兩天成功地克制誘惑，雖然還沒有達成原先設定的目標，至少有值得讚許的小進步，如同進到新渠道 0.1% 的小水滴，**改變正在發生**！

接著，考量第一階段執行結果與目標之間的落差，進行調整制定 B 計畫。

原目標是一週減少四天不要喝飲料，已完成一週減少兩天。接著可以採取不同的方法，例如：（1）先維持這個已經達成的目標一段時間，讓自己一週裡面還是有五天可以自由喝飲料，這樣不但與原本習慣舒適圈的距離相近，產生抗拒的感覺會較小，也會因為持續完成小目標的成就感，讓自己對下個階段的目標更有信心。（2）也可以乘勝追擊，利用第一階段完成目標的成就感，持續往下個階段推進，將不喝飲料的日子再減少一天試試。

不論是哪個計畫，都要持續遵守**執行→監控→檢討→修正**的過程。

透過一再反覆的過程，持續強化新的神經迴路連結，這個目標新行為就會越來越自動化，慢慢從靠意志力前額葉控制的**費力模式**轉換到由基底神經節控制的**不費力刺激反應模式**，逐漸變成習慣了。這個時候就會達到穩定反應，不需要耗費心力控制、知行合一的地步。

過程反覆越多次，新行為也就會越來越自動化，
最後成為習慣，不費心力。

 行為模式小科普

目標導向：由前額葉（Prefrontal cortex）控制。
需要運用許多意志力，大量消耗能量。

慣性行為：由基底核（Basal ganglia）反應。
已建立穩固的「刺激—反應」連結，輕鬆自然，不太需要意志力。

再次提醒讀者們，從舊的慣性行為到建立新的慣性行為，不是非 A 即 B，ON 或 OFF 的直接切換，而是一種漸進的過程，比較像是一個從 0 → 100 中間可以有無限切點的漸進過程，因此，在行為改變的過程中，因著每個人連結反覆次數的差異，會出現像翹翹板一樣此消彼

長的變化，我們不需要過於執著每個切點的大小，只需要看到每次的進展都朝著目標值前進就好喔！

NOTE.

☆ 寫下一個您想要達成的新目標行為
（例如：開始運動、戒吃消夜、養成寫日記的習慣、通過語言檢定……）

小目標：

紀錄小進展	看見小改變

完成 ≧ 100%
繼續下一階段小目標：

完成 < 100%。
檢視原因：

調整下一階段小目標：

三 負荷與適應的概念與應用

　　負荷是一種有組織地訓練，讓身心持續面對各種壓力源的過程，以提升物種去適應它生存環境的能力（Bompa

045

& Buzzichelli, 2019, p. 8)。人體大致上依循「用進廢退」的法則在運作，肌肉細胞跟神經元都相似。

試想：如果將健美先生綁在床上三個月，會發生什麼事？

不難想像原本全身結實的肌肉，會因爲缺乏持續的鍛鍊而大量流失，導致身形變得鬆垮，體態完全走樣，這是身體的「負向適應」。相反的，一個原本肌肉量不足的人，只要經過適當的阻力訓練，就會明顯地長出肌肉，這是身體因應重量負荷所產生的「正向適應」。這些負荷與適應現象，也出現在其他的生理系統。

假設我們原本能以平均6分速的速度跑完3公里，（當下身體最極限的負荷能力），如果想要再加快速度，就必須慢慢地調整跑速，例如：將速度調升至5.8分速，利用「**足夠的**」負荷（會有點ㄍㄧㄥ，但能勉強撐過去的程度。），訓練身體產生正向適應的能力，透過一次又一次「負荷—適應」的過程，身體能夠承載的負荷就會越多，能力自然也就會跟著向上提升！

過去提到「負荷與適應」，多從最直接的生理角度詮釋。如今，這樣的概念也已拓展應用到心理學的領域。例如：「**認知負荷**」就是利用課程或活動創造不同難度的認知挑戰，在前一著作《原來大腦可以這樣練》的內

容中，就有許多運用運動課程鍛鍊與強化執行功能的介紹，依據挑戰認知負荷的原則設計課程，讓運動在原本就能針對生理系統產生刺激效果之外，再結合一定程度的認知挑戰，以達到強化執行功能的成效。「**情緒負荷**」，一種情緒調節因應的挑戰，創造一個稍有壓力（負荷情境）的環境，挑戰原本舒適的身、心狀態，以增強情緒反應的能力，進而達到適應的目的。雖然過程可能會產生令人不悅、抗拒，甚至想逃避等負面情緒，但是，只要能正向看待挑戰，坦然接受負荷所帶來的不適感，一步步面對、處理、克服困境，如此，情緒的適應能力就能跟著累積、精進。當原本以為棘手難解的問題，被迎刃而解時，不僅能讓我們對自己更有信心，無形中也擴大了舒適圈，讓我們更有能力去探索世界！像是多數人都會因為要在大眾面前說話而感到焦慮，也可能因為過於緊張而表現不佳，透過這樣系統性的減敏法，先給予較低壓力的情緒負荷，慢慢發展出有效的情緒因應方法後，再逐步增加壓力強度，最後，就可以發展出足以因應高壓挑戰的心理承受與情緒控制能力，此時在大眾面前說話的情緒負荷量，已經遠小於當下所能承受的程度。這個適應結果，會讓當事者不再擔心需要在大眾面前演講，自然會有比較流暢的表現。這正是情緒承受能

力精進的具體展現。

　　用這些例子說明「負荷與適應」的觀念，希望讀者們從今天開始，可以不再害怕挑戰，也不要設限自己的能力。從每天增加一點點的負荷開始，讓自己持續進化！

四　心理技能概念

　　在介紹「心理技能」的概念之前，讀者們可以先猜一下，我們生活中有哪些時刻需要使用到心理技能？

　　身為學生的您，每天有無止盡的考試，生活似乎就是往返在學校與補習班之間……

　　身為上班族的您，每天朝九晚五的循環，扛著沉重的業績目標、趕著未完成的專案、處理著同事間的人際問題……

　　身為主管的您，每天被檢討專案執行率、部門績效成果，行事曆上寫滿開不完的會議……

　　身為父母親的您，擔心孩子的健康、學業、交友狀況，擔心他們網路成癮、擔心養出啃老族、躺平族……

　　身為運動員的您，強度爆表的訓練、賽期緊繃的高壓、輿論無情的批評、身、心都承受極度的挑戰……

　　無論您身處在人生的哪個階段？扮演什麼角色？什麼

職位？只要擁有優異的「**心理技能**」都能幫助我們積極正向、更有能量、更靈活、有信心面對眼前的困境與難題。

1. 「**心理技能概念**」之一：**一種可以習得、可以精進的心理操作能力。**

什麼是心理操作能力？以下用一些例子來更具體說明。

狀況：精心排練的演出，因為突發狀況被臨時喊卡。

演員 A： 準備了老半天，竟然說不演就不演了，早知道就不用那麼認真，真是浪費時間！

演員 B： 被臨時取消的感覺真不好，不過，從之前準備的過程，覺得自己學到很多，雖然這次沒辦法順利演出，但相信下次機會來臨時，我一定可以比這次表現得更好！

狀況：出門前才拿出背包裡的雨傘，沒想到回家時卻下起大雨。

路人 A： 每天帶著傘出門都是大晴天，早上才把傘拿出來，下午竟然就下大雨，真的是有夠倒楣。

路人 B： 天有不測風雲，明明早上還晴空萬里，怎麼下午突然下起大雨，看來以後出門之前還是得先確認一下氣象預報，或者就繼續乖乖地把傘帶

著，這次淋成了落湯雞，得記取教訓，下次不能偷懶了！

狀況：突然想去某家餐廳吃飯，結果剛好遇上店家公休日。

顧客Ａ：好久都沒想到這家店了，難得想去竟然沒開？我的運氣也太差了吧！

顧客Ｂ：也太巧了！看來得先記下店家的固定休息時間，再把電話也記下來好了，下次想吃之前可以先確認或預約，免得又撲空啦！

以上這些「不如人意」的狀況，是否曾經在您的生活中出現？

當下的您，是否跟Ａ反應一樣，覺得灰心洩氣、諸事不順，感覺老天好像故意跟您作對？

還是您會做出和Ｂ一樣的反應，找到一個讓自己比較舒服的說法，避免讓情緒陷入谷底，盡可能不讓單一事件影響整天的心情？

同一個訊息，不同的兩種解讀，帶來兩個心境，影響兩個決定，導致兩個結果。為什麼明明經歷著類似的情境，卻會有如此不同的情緒反應呢？

關鍵就在於「**心理操作能力**」。

我們無法改變已成事實的訊息或事件，唯一可以轉換、可以掌控在自己手中的，是選擇用什麼角度去看待它。流傳千古「塞翁失馬，焉知非福」的寓言故事，也早就提醒著我們，生活中其實沒有一個事件是 100% 的負面，所以也就不存在絕對完美 100 分的好消息。重點取決在於我們的心境如何因應。

擁有優異的「心理操作能力」，能使一個人在認知與情感上，更具適應性地從環境中選擇、解讀訊息、進而能做出建設性的決策與展現執行的能力。這樣的心理操作能力會展現在穩定的個性上，也會展現在當下時刻變動的心態上。

	優異 心理操作能力	普通（一般） 心理操作能力
對於環境訊息的選擇／解讀	看見機會 看見進步的空間	偏好注意事件的缺點與不足之處
認知決策	正向解讀環境訊息之後，可以理性做出最適合當下狀況的決定。	無法看到正向訊息，甚至會把負向層面擴大解釋，無法做出積極的決策。
情感反應	即便面對較不順遂的事件，也能調整低落的情緒。展現積極樂觀。	負向、消極、沒有希望感。在困境時，更會顯得悲觀、缺乏動力。

	優異 心理操作能力	**普通（一般）** 心理操作能力
人格特徵	沉著、冷靜。能發展出具有彈性與創意的思考。 對於壓力與逆境有更快的適應能力。 善用資源，把握每次學習的機會。	較常抱怨。總會覺得自己時運不濟，羨慕別人所擁有的。 遇到挑戰時，會覺得自己沒有資源，也沒有能力解決，而選擇逃避或放棄。
成功特質	恆毅力 心理韌性 抗壓能力 強大的信念 堅持目標 不被磨滅的動機	消極的思考模式，導致缺乏信心與追求成長的動力，較無成功特質。

在沒有學會「心理操作能力」這個概念之前，我們往往只能依結果評論成功或失敗，表現好或不好。然後檢討為什麼要這樣做？為什麼不那樣做？

如果沒有理解最深層的原因：「**一切外顯行為，都是始於心理運作之後的結果。**」單就表象行為去檢討，那麼將很難找到真正的答案，也無法找出怎麼讓自己變得更好的關鍵原因。

上面整理的表格資料中，我們可以看到對於環境訊息選擇與解讀的方法，會產生一連串不同的效應。生活中有許多不可控的事件，許多無法靠一己之力就能改變的狀況，我們扮演的身分角色，更不可能說換就換。而唯一可以由自己完全掌控的是心智、思想，我們獨一無二的大腦可以幫助我們，將選擇決定權拿回手中！

當我們懂得選擇、控制將注意力放在較為正向的訊息時，身、心就會因為這個選擇而產生一系列的連鎖反應，影響著我們怎麼回應這個訊息、怎麼決定下一步、決定用什麼心情面對。

既然是一種「選擇」，就表示我們可以調整手中的方向盤，選擇向左或是向右？有時，只要一點點偏移，我們就會看見完全不同的風景。

或許，此刻的您就正面臨著一個前所未有的挑戰。在充滿變數的人生旅途中，我們都在不同的階段努力著，盡力地扮演屬於自己的角色。很多時候，外在的大環境往往不是我們能力可以改變的，但我們卻可以透過學習正確的方法，訓練自己塑造一個正向、積極的態度，幫助自己用更快的速度，調整腳步、適應環境，當別人還在抱怨時不我與的時候，您早已改變心境、轉換視角、調整好方向，全力往目標邁進了。

您的視角，會決定您所看到的風景！

　　下次如果路口的紅燈，延誤了您路程的一分鐘，請試著先收起焦躁，不妨嘗試用放鬆的視角看看經過的行人、路旁的花草，或許一個新奇的點子會在此時竄入您的腦海，或許那個一直想不起來的名字，也會在這時候悄悄地來敲門喔。

2.「心理技能概念」之二：跟肌肉一樣，是有方法可以鍛鍊的。

　　了解了心理技能是一種心理操作能力的概念後，還需要再知道一個很重要的概念：無論您原本的「心理操作能力」如何？只要用對方法，反覆操作練習。**「心理技能」也可以像身體肌肉一樣，被訓練、被強化，塑造成您想成為的樣子**。到底要怎麼操作心理呢？我們可以從心理學中最重要的行為三面向 ABC 下手，分別是：情意（affect, A）、行為（behavior, B），與認知（cognition, C）。

　　想像一下，如果您是一個在 COVID-19 疫情時代下的業務人員，一般 v.s 優異的心理技能者在情緒、行為與認知上有哪些不同的操作，因而帶來什麼不一樣的結果呢？

環境背景／身分	Covid-19 疫情時代／業務人員	
困境	因為疫情的影響，導致過去習慣的做生意模式無法再使用了，業績大受影響	
	心理操作能力優異	**心理操作能力一般**
操作情緒 (Affect)	保持熱情、樂觀面對	焦慮、消極、身、心壓力大
操作行為 (Behavior)	願意積極嘗試各種可能的解決方法，不怕犯錯。	被動、無能為力、沒有衝勁，想要放棄。
操作認知 (Cognition)	這是大環境的變化，許多產業都受到影響，不會只有我受到疫情的影響。雖然現在不能像往常一樣頻繁親自拜訪，但一定還是可以透過其他方式（電話、訊息）持續跟客戶保持聯繫，尤其在這個相對艱困的時刻，如果我可以對客戶付出更多關心，照顧到他們的需求，或許更能因此而建立起情誼，讓客戶對我更加信任！將困難視為挑戰，不怨天尤人，盡力而為。	都是疫情，侷限了我原本可以做的事，打亂了自己原本最習慣與客戶的互動模式。看著時間一天天流逝，自己卻離業績目標越來越遠，只能坐困愁城不知道如何是好。每天焦躁不安地看著不斷更新的確診人數，覺得這麼惡劣的大環境，再怎麼努力都沒辦法改變什麼，一切只是白費力氣，好像沒什麼希望了。
結果	業績雖然無法如以往亮眼，但持續努力的態度，讓客戶安心，藉以建立更多的信任關係，為後續經營累積更多的人脈資源。 堅持目標，不放棄的精神，得到主管的肯定與讚賞，累積職場資源。	持續放大每次的失敗狀況，態度越來越消極，漸漸失去動力與信心，離目標越來越遠。 業績每況愈下，覺得自己根本不適合這個工作，漸漸陷入「對自己越來越沒有信心，對未來不抱希望」的惡性循環。

經過兩相比較之後，可以更具體地看到「心理操作能力」的重要性！由它啟動了我們的情感反應，影響認知策略與行為模式等連鎖反應，最終結果也高下立判。

想要提升如此重要的關鍵能力並非遙不可及，只要經過幾週系統性的課程訓練，不僅就能看到在心理技能測驗分數上有明顯的進步，在「心理操作能力」方面，也能從一般普通的程度提升至優異水準，慢慢精進因應困境的能力、累積能量。當多數人還坐困愁城時，就能因為擁有優異的心理技能而鶴立雞群，展現逆境成長的稀有能力！

3.「心理技能概念」之三：最大化與環境互動的效益。

觀察一個課堂／講座中，不難發現學生／聽眾有以下幾種類型：

事不關己型：此類型的人，心態通常十分被動，學習動機低，往往可能覺得自己是迫不得已才處在那個空間（可能是必修學分、可能是被上司指派出席）。會覺得整個過程都在浪費時間，講述的內容跟自己無關，心中只想著什麼時候可以結束？最終虛度光陰毫無所獲。

認真筆記型：此類型的人，認真學習、勤作筆記，努力吸收當下的資訊，也可以稱做是乖寶寶型。不過，如

果只是單純地將聽到的資訊複製－貼上（記下來），就可能會因為缺乏資訊加工的能力，無法舉一反三，往往只能顯現出單一的學習效果，無法將所學延伸應用到其他領域，該知識僅能成為記憶的一部分，學習成效較有限。

觸類旁通型：在學習的過程中，除了專注認真聽講之外，也會跳脫框架、同步思考如何將所學到的新知識與過去的經驗結合，並在課後進行更深度的後設認知思考，再次釐清／加深對既有資訊的理解，靈活結合新知，找出各概念間的異同之處，進而廣泛延伸應用，展現學習遷移能力。

	事不關己型	認真筆記型	觸類旁通型
心態	被動、消極	盡本分好好聽	把握每次學習的機會
行為	心不在焉	認真專心	積極、資訊深度加工
結果	虛度光陰	吸收單次的知識	跳脫框架、激發創意與應用

或許您會覺得只是一堂課、一場演講，沒有好好聽應該也不會有什麼太大的影響。然而，「失之毫釐，差之千里」，很多影響成敗的關鍵，往往都是起於我們不以為意的小小事件。如同蝴蝶效應中，南美洲那隻隨意振動翅

膀的蝴蝶，永遠不知道那個幾乎感受不到的氣流波動，竟然能夠傳動數千公里，在數週之後，引起一場驚人的龍捲風暴。

在同一個時空下，不同的心境、不同的行動，會帶來迥異的結果。

當您帶著狹隘的框架看世界，心中就會常常興起「與我無關」的念頭，看不見事件之間的連結，覺得框架外發生的一切，是另一個世界的事情。選擇視而不見、置身事外，因此，錯失許多成長、進步的機會。

此時，**擁有好的心理技能，就能幫助我們「破框思考」**，幫助我們看見每個與環境互動的價值；珍惜、把握每次與外界訊息互動的機會，最大化我們與環境的互動效益，讓我們不管身處在什麼時空，都能從當中找到對自己「有用的訊息」——**得到**經驗教訓或是**學到**寶貴新知。時時刻刻維持進化，不再只做一個被動的接受者，而是能運用好的心理技能，將訊息轉化成能量，滋養自己、儲備自己，用嶄新的思維視角，突破窠臼，開創新局！

4.「心理技能概念」之四：幫助我們產生最適應性的心態。

如果有人問您：「一件價值 5 萬塊台幣的羽絨大衣，穿起來應該感覺很舒服吧？」您會怎麼回答？

這個問題其實沒有正確答案。

如果，現在的您身處高海拔的山區，氣溫只有個位數，還一邊飄著小雨，此時穿著那件高級防風擋雨的羽絨大衣，一定羨煞旁邊所有瑟瑟發抖的登山客。

但如果現在艷陽高照，穿著背心短褲的您都還汗流浹背，那麼不管這件羽絨衣的品質有多好、價值幾位數、剪裁有多新穎，對當下的您而言，都只是一個負擔。

用這個例子說明，有些問題並沒有絕對正確的答案。在行為科學中也是如此，沒有最好，只有適應性的優劣。

人要 100% 樂觀，才會成功？

遇到挫折要 100% 正向，才是對的？

面對逆境要堅持、再堅持，咬緊牙關！絕對不能放棄？

如果我們變成只追求特定結果而墨守成規，那，是僵化。如果我們可以彈性調整目標，努力完成當下情勢最好的結果，那，是隨機應變，是，更高的智慧！訓練「心理技能」的真正目的，不是要創造一個不會悲傷、完全目標導向的機器人，我們更不會因為開始心理技能的訓練之後，事業與人生就從此一帆風順，不再有困境顛簸。而是希望能夠透過「心理技能」的技巧，讓順境中的您，

能夠持續保持熱情、繼續樂觀前行；幫助在逆境中的您，能調適自處、建立信心、勇敢面對未知挑戰。

　　心理狀態沒有一個絕對的正確值，但善用「心理技能」增加對環境事物的適應性，一定可以幫助您創造更健康、成功、快樂的人生！

第 二 章

分子化通用心理技能（MGPS）：10 大模組系統
(Molecularized General Psychological Skills, MGPS)

一 「分子化」與「通用」的概念

在正式介紹「分子化通用心理技能」的各個模組之前，要先說明**分子化**與**通用**這兩個概念。

「分子」是構成物質的粒子。如我們所熟悉的水分子（H_2O），就是由兩個 H 分子加上一個 O 分子，所形成的分子化合物。不同分子的鏈結，會形成不同的物質；相同分子，以不同的比例結合，也會作用出另一個物質。我們心理技能的操作能力原理也如出一轍，從心理的角度來看，每一個最基本、最簡單的**刺激－反應**連結，就是行為背後的小分子。後續的章節，我就會以分子模組的概念，來解構說明複雜且多工的心理操作能力。

想要塑造出理想的行為模組，就得萃取出正確的分子**成分**，配合適當的**比例**，才能鏈結出最好的結果。

試想：如果手上拿到的是挖土機的積木材料包，基本上很難以此做出有螺旋槳的直升機，對吧。

想要運用分子化的心理技能模組，建構出理想的行為，需要依循以下幾個重要的步驟：

Step1 選好要做的作品（理想行為）

Step2 拿到對的材料組件（心理技能模組）

Step3 正確的拼接步驟（串聯各模組協力應用）

Step4 確保牢固定型（給予反覆的刺激－反應連結，建構穩固的神經迴路連結，創造正向循環）

這裡還要強調一個重要的觀念，在設定目標時，人們通常會把眼光放在最終點。例如：想要建造一幢宏偉的樓房。但往往半途而廢，甚至可能還沒開始就放棄了！因爲堆砌磚瓦的過程太乏味；因爲離目標的距離太遙遠；因爲覺得自己沒有能力；因爲覺得應該不可能。這樣的思維，眞的只會讓一切停留在原點。

我們要先學會看見每一磚一瓦的堆疊雖然看似緩慢，但已經不斷地往上、往外拓展；要先想到如果沒有現在的開始，未來樓房不會憑空而起。學會察覺每個簡單微小的進展，就是累加成功的開始！

塑造正確理想行爲的模式，也如同蓋樓房一般。

備齊磚塊　　　　　正確的搭建方法　　　　順利落成
簡單的刺激－反應連結　**反覆**的刺激－反應連結　**理想行爲**

每一個行為的背後機制，都是由無數個簡單且微小的**刺激－反應**連結所形成。想要強化理想行為，就要找到一個不需要花費太多力氣，就能看到連結成果的刺激方法。例如：假設過去的閱讀習慣是快速翻閱，大致瀏覽了解內容，但是經過一段時間之後，便無法清楚回想書中的訊息。現在想要改變這種處理知識的習慣，希望培養出可以將書中知識做更深入加工處理的能力。因此在下次的閱讀時，每讀完一個章節，便先停頓回顧，思考這個段落所看到的新訊息與過去舊經驗的重疊或新穎之處。這個改變就創造了一個新的刺激（閱讀）－反應（覺察）連結，透過暫停回想的過程，資訊在腦中進行後設認知的加工，可以從中獲得與之前完全不同的閱讀體驗，增加成就感，更享受閱讀的樂趣。這樣正向、快速的回饋，將有助於建立信心、增強改變的動機！

上述所說「**刺激－反應**」連結的應用，就充斥在我們的日常生活當中：想要擁有更好的人際關係（大目標），就要培養「讓別人喜歡與您互動」的重要能力。別人是否樂於跟您互動，關鍵就在於每次互動的經驗裡，是否有助於增進雙方的關係強度？是否愉快？是否有建設性？是否有利雙方？想要完成「擁有更好的人際關係」這個大目標，可以從朋友見面時，先主動關心對方開始，因為

先釋出了善意，也會大幅增加對方回之以禮的機率，這樣的關心行為「刺激」，產生了對方較正向回應的「反應」，會增強您在人際互動中的信心，隨著每次在與他人交流的過程中不斷應用，您的社交能力與人緣就會變得越來越好！當得到越多正向的「刺激－反應」回饋結果，就不難發現我們時時刻刻都可以累積能量（儲備理想行為的磚塊），也會開始對身邊所發生的一切事物，有不一樣的詮釋，產生不一樣的連結，會更有動力、更積極地與環境互動，不斷地成長讓自己越來越有成就感，對未來人生的挑戰，充滿興奮期待，因為知道自己一直都在累積資源，做好準備來接受挑戰。

累積了足夠的能量磚塊，不只可以用來蓋樓房，也可以用來搭橋梁、建巨塔。相同的元素材料，可以有無限的變化。用途的多寡，關乎您擁有多少資源？關乎您想要搭建起的是什麼？

本書所要介紹的「心理技能」，除了前述的分子化特徵外，另一個重要的特質就是**通用**。「通用心理技能」：就是一種不受場域限制的心理操作能力。您可以把這些技能應用在各種生活的場域中，不論是學校、職場、家庭、社交人際甚至是休閒娛樂。學會「分子化通用心理技能」，讓我們可以隨時隨地累積、快速看到成果，最終可

以應用在人生所有面向的挑戰上，幫助我們創造健康、成功、快樂的人生。

後面的章節，我會詳細地介紹十種分子化的通用「心理技能」模組。每一個技能模組的背後，都有強大的科學理論支持，希望能以最簡單的文字說明概念及應用的方法，讓讀者能夠輕鬆地獲取新知，更重要的是，能將知識轉化成可以實際運用於生活各場域的方法。

人類的心理操作是多工且複雜的，以下介紹的十種「分子化通用心理技能」模組，並不是完全獨立的，也不會單獨存在運作，而是相互支援、可以組合成一個新模組來建立新行為，強化行為改變效能。例如：魔鏡模組＋吸引力模組＋放大鏡模組＋跨欄模組＋正向循環模組組合在一起，就會變成一個深具自信、積極主動、受人喜愛、可以在逆境成長且能自動導航達標的人，這樣的性格與能力特徵，對於以人際互動為主軸的工作者（如：業務人員），就非常有幫助。

透過模組的認識與應用，做一個真正能夠從知到行的實踐者，最大化自己的潛能，成為一個正能量的發散與磁吸中心，不僅能不斷散發正能量去影響他人，也能像強力磁鐵一樣把更多的幸運牢牢吸住，形成一個強力且不斷擴大向上攀升的漩渦。產生如蝴蝶效應般的巨大改

變與力量，開啟健康、成功、快樂的人生旅程。

二 分子化通用心理技能：10 大模組系統

〔一〕正向注意力模組

　　人類演進的歷史中，為了生存、為了不讓自己成為野獸的晚餐，所以內建了對威脅、危機特別敏感的接收器，一旦警報響起，就得為了活命，做出最快的反應。他們可以忘記外傷敷什麼草藥可以復原得比較快，但卻不能忘記，吃下哪一種果實就會致命。為了生存，我們把「注意危險」這個保護機制，刻寫進基因。卽便人類文明已經經過了幾百萬年的演進，但這個防衛系統依然在我們的生活中持續運作，讓我們傾向把注意力放在威脅（負面）的訊號上，畢竟生存是生物最原始的本能，唯有時時注意可能發生的危險，防範戒備才能確保安全。

　　然而進入文明社會的我們，早已不必跟野獸爭食，更無須擔憂會成為對方獵捕的對象。如果還是採取過度聚焦在像生命威脅這類負面訊息的模式，只會讓人覺得恐懼不安、退縮，一直處在擔憂焦慮的情緒中，面對生活中的各種挑戰也會覺得興趣缺缺，對自己越來越失去信心。

我們需要學習將注意力模式，

由聚焦於生存威脅的叢林動物，

進化到看見優越價值的社會性人類！

任何事情都不會只有單一面向，如圖所示，同一個物件，有人會看到圓形；有人會看到三角形；如果角度偏移，也有可能完全看不出有什麼形狀。沒有對錯，只是差別在角度的不同而已。如果您可以用 360 度的環視視角，才會恍然發現整體的樣貌。

曾經聽過一個有趣的故事，古代有兩個進京趕考的書生，在赴考前一晚做了同樣的三個夢。

這個充滿寓意的故事，讓我們看到不同的思考心境，對於信念與行動的影響有多大。一樣的訊息輸入，在不同人身上，產生截然不同的解讀，思維心態影響行動，最後造成迥異的結果。也讓我們看到，如果想要改變最後的結果，關鍵的第一步：就是要啟動**積極正向**的思維。

夢境 解讀方法	在石牆上種白菜	下雨天戴著斗笠又撐著雨傘	和喜歡的對象背對背躺在同一張床上	夢醒後的後續影響
書生甲	白費功夫	多此一舉	機會在眼前，卻沒好好把握	消極負向的心態，覺得沒有希望，想要放棄。 →名落孫山
書生乙	「高中」！	有備無患	翻身的時機到了	用積極正向的態度看待。覺得看到希望，充滿動力與信心。 →金榜題名

　　擁有正向思維的人，除了對自己有信心、處事樂觀積極之外，也懂得將這樣的優點拓展到其他的人際關係上。與家人相處時，懂得心懷感恩、樂於分擔；與朋友互動時，隨和大方不計較；面對工作時，勇於接受挑戰、積極向上。

　　在職場中，如果能夠每天帶著正向的思維與態度，不但能跟同事融洽相處，也能感染團隊氣氛，創造鼓勵成長與支持的工作環境，幫助提高團隊應變能力，建構一個樂觀有創意的團隊。正向的能量，不僅能帶動高生產

力、工作滿意度與忠誠度（Davis & Cable, 2014），還可以提高團隊凝聚力與集體效能。在學習中，更能幫助我們積極思考，啟動發散思維，展現創意！

了解「正向」有這麼多好處之後，現在就讓我們從每天與環境的互動經驗裡，開始學習成為一個擁有正向思維的人。

在本章節的一開始就提到，從演化的角度來看，人類會特別注意到威脅生命的訊息。也因此容易受到由這些威脅訊息所誘發的壓力、焦慮、憂鬱、恐懼等負面情緒與精神狀態影響（Leahy, 2002）。要減少這些負向思維的產生，我們可以運用**正向注意力**萃取與環境互動經驗中對延續生存較有利的成分，用以取代恐懼威脅，學習把一般人最容易聚焦的負向事件，轉變成有利於自己成長的經驗。

強調從日常與環境互動的生活經驗中開始學習，主要也想讓讀者知道，心理能力的養成，在深入理解核心概念之後，每個隨意的場所都可以成為訓練場；每個偶發的小事件，都可以變成一個練習的機會。也唯有透過平日不斷地反覆演練，奠定優異的心理能力，等到危機來臨時，才能有比其他人更強大的心理韌性面對考驗。

接下來，我會從以下四個要點：尋找價值、增加效能

感、找出自主性、歸屬關係感，一一說明如何從日常中學習轉換注意力模式，啟動正向思維的人生！

1. 尋找價值

「如何能在輸了比賽之後，還能從賽事的過程中，找到增加自己自信的地方？」

「如何能把每個人都看起來是輸的結果，變成是自己成功的經驗？」

這就是**心理技能**可以發揮之處。

一場桌球賽，支持的選手輸了。

大部分的人，都只會把注意力放在「輸球」這個結果。隨後開始檢討哪幾局的發球沒發好、哪幾個接發球選手不夠積極、哪幾波的攻擊力道不夠、變化太少……。

當大家在進行賽後檢討時，往往會聚焦在缺失、做不好的地方，原本的用意是想讓選手知道可以改進之處，希望在往後的練習時，能夠加強補足自己的缺點，讓下次比賽不會重蹈覆轍，可以拿出更好的表現。

但是大部分人沒有考慮到的是，當一個人做不好的地方被拿出來放大檢視時，是一件傷害自尊、減損信心的事。失去信心，就會覺得改變無望，也會讓後續的訓練

越來越沒動力，進而影響下次的比賽，萬一又是不順利的結果，再重複被拿出來檢討，就會是一個每況愈下的惡性循環。

造成這種惡性循環的主要癥結，在於我們把全部的注意力都放在比賽中失分的地方。因此，改變的第一個作法，就是將注意力轉移至每個得分之處。一場桌球賽，即使最後是 3：11 慘敗的結果。但在雙方實力懸殊的狀況之下，如何取得那寶貴的 3 分，才應該是需要好好分析的關鍵。並且聚焦思考在日後的訓練中，如何增加得分情境出現的機率，積極把握住每個得分的契機。這樣的檢討，不但不會讓選手陷入失敗挫折的情緒中，反而會幫助他看見自己的能力，覺得自己在未來是有機會從相同對手手上拿到更多分，把比數拉得更近，這種希望感會讓選手在日後的練習時，更積極主動去強化自己的技、戰術。如果再輔以後面章節介紹的「放大鏡模組」與「廣角鏡模組」技巧，假以時日，這位選手應該會對桌球運動競技這條道路充滿希望與自信，持續更上一層樓。

除了用我最熟悉的桌球運動舉例之外，再多談談行銷業務與考生這兩個角色的應用，讓大家能夠更了解正向思維對我們的影響有多重要。

身為行銷業務的主要工作，就是銷售產品。當花了很

長時間跟客戶介紹說明之後，最後還是被拒絕時，我們往往只有看到「沒簽回訂單」這個結果，因此，會認定這是一個失敗的 case，沒有什麼值得說的。

但是，當我們利用「**正向注意力**」這個心理技能來重新檢視過程，就會發現能看到不一樣的結果。例如：客戶之前可能完全不接電話，這次竟然願意聽完產品說明。雖然沒有一次就成功取回訂單，但是得到了跟客戶面對面交流的經驗，不但與對方越來越熟識，也提升了自己對產品的了解，透過溝通清楚知道，客戶現在沒有購買的原因，下次會以更貼近客戶需求的角度出發，提高成功機會！

這就是正向思維的魅力，可以讓一個原本沒什麼值得說的失敗 case。轉而可能變成下次成功的跳板，看見自己在過程中努力的價值，將更有信心往 TOP sales 的目標前進了！

而一個成績未達預期的考生，又可以透過「**正向注意力**」的方法看見什麼呢？首先，別急著以分數評斷好壞，可以先客觀分析整體結果，對比一下同儕的表現，如果大家的得分都普遍偏低，那表示可能是試題偏難而導致成績不盡理想；如果只有自己沒拿到好成績，也不用急著氣餒，否定自己。

　「考試」是每個學習階段之後的成果檢視，透過測驗幫助自己釐清學習的狀態，沒拿到預期成績的原因有很多，可能是準備的方向與考試不符、學習的方法較沒效率、可能是理解的重點有誤、也有可能是在準備考試期間，有其他外務的影響（身體、家人、朋友）、或者就是單純地沒有做好充分地準備。先客觀釐清是什麼原因造成不如預期的結果，再細想有什麼是我們可以精進更好的？透過「**正向注意力**」的心理技能，看到這段過程的進展。例如：試卷中出現之前完全沒有接觸過的某種題型，第一次作答就有還不錯的表現；準備過程中有熟讀的部分，答題正確率高達95%；老師再三提醒的重點，也有超過90%的正確率。經過客觀的分析之後，可以看見在得分當中，其實有許多努力的痕跡，也看到自己付出的成果與價值。透過正向的思維調整，不再只是抱怨或貶低自己，轉而記取這次不完美的經驗，以成長心態面對困境、勇敢挑戰未來！

 NOTE.

　☆ 先找出一件近一週看起來不太順利的事情。
　　啟動正向注意力，想想自己在這個事件中，展現了哪些價值？

2. 增加效能感

曾看過一篇發人深省的報導：一位中年失業的銀行主管，經歷數月求職履歷都石沉大海，幾乎完全失去信心之際。某日呆坐在公園時，發現自己竟然可以用灑爆米花的方式，來引導與控制鴿子的移動方向，因而重新燃起對自己能力的信心，最後順利找到新工作的故事。

或許您會覺得納悶，餵食鴿子竟然跟信心有關？

不知道您是否曾有在池塘餵魚、公園餵鴿子的經驗？撒出手中的飼料之後，小動物們通常會一股腦兒地往飼料的方向前進。飼料往左邊撒，鴿子就往左邊飛；飼料往右邊撒，鴿子就往右邊飛。在魚池裡的魚兒，更會因為您灑下的飼料，聚集成群、爭先搶食。看到這個場景時，您是否有種「掌控」的感覺？

這是一種**效能感**的展現。

一種「操之在我」，由我選擇，由我做主的感覺。

（於模組五：魔鏡模組的章節中，另有詳述。）

上面報導中的主角，從一個平凡無奇餵食鴿子的過程中，體認到自己的自主性，接著展開完全不一樣的行動，最後得到一個令人滿意的結果。其中最大的轉折，就源自於他轉移了注意力的焦點，用正向的思維看見自

己擁有改變的力量，進而採取積極的行動，改變結果。

　　每個人在生活中，都需要扮演不同的角色。可能為人父母、也同時身為子女，可能是公司中的基層主管，夾在上司與下屬雙重壓力之中，可能是學生運動員，得同時兼顧學業與比賽，身心都很緊繃。當您在某個角色裡嚴重卡關時，建議您可以試著用正向的角度，重新檢視每個與周遭環境互動的經驗，從身旁一切人、事、物互動的過程中，找出因為自己付出努力而帶來的正向小改變。從滿足最基本的心理需求：提升自我的效能感開始。

NOTE

☆ 正向思考帽時間：
　　請寫下最近一週當中，由您啟動的正向小改變。

時間：

地點：

人物：

事件發生經過：

因為您做／說了：

正向小改變：

請不要輕忽每個細節，或許那個最不經意的事件，就是啟動您精彩翻轉的關鍵。

仔細再看一下，您所寫下來的事件，或許就是一個日常，但是透過回想與文字紀錄的過程，可以幫助我們更清楚細節，從中看到自己的價值，幫助自己更鞏固正向的思考模式。

藉由這則報導也讓我們了解，人們與環境互動過程中，看似平凡無奇的經驗裡，卻可能充滿著許多有價值的訊息，當我們具備萃取資訊的能力時，就可以從很小的事件中獲得啟發，無時無刻都能從生活中增長智慧。透過本書所教導的觀念與方法，希望能讓讀者們學著運用受過訓練的雙眼，開始從您過去、現在、與未來的人生經驗中，把寶藏挖出來！

另一個可以幫助我們產生效能感的方法是使用「自我參照」，依據**成就目標理論**，當人們著重於自我的進步，把成功界定為**超越過去的自己**。此時，就會將注意力放在與之前的表現做比較，會使用正向的角度，看見自己進步的地方。正確地使用自我參照標準來界定成功與否，會大大地影響我們的動機與信心。在對比、參照的過程中，逐步看見自己的表現不斷提升，不僅能增加自我的效能感，更會漸漸培養出成功關鍵——**成長型心**

態。相信自己擁有無限潛能，並可以透過後天的努力持續提升能力，完成目標。這種希望感能夠激起動力，加上明確看到自己在每個階段的進步，就會更加自信、更有勇氣地面對挑戰，往目標邁進。

 科學小知識

成就目標理論（Nicholls, 1984）在教育心理學與運動心理學領域的一個重要的動機理論。
Nicholls 主張追求或證明能力的方式至少有**與自我比較**的工作涉入 (task involvement) 和**與他人比較**的自我涉入 (ego involvement) 兩種狀態。

 NOTE

☆ 正向思考帽時間：請比較一下今天的自己跟昨天有哪些進步的地方呢？

3. 找出自主性

　　曾經有個學生跟我分享，每當他正想要做某件事的時候，如果剛好有人也希望他這麼去做，他就會突然不想了，或者就是會想再拖延一下，內心好像有股想要唱反調的衝動。不知道您有沒有過類似的經驗，比如晚上休息時間，正想要起身準備去沐浴時，恰巧父母或另一半

大喊：該去洗澡了吧！這時，是不是會想多坐個半小時等等再去好了？爲什麼會如此？明明是自己本來就正要做的事，但因爲另一個人的一句話，就改變心意了呢？

因為，擁有**自主性**是人類的基本心理需求。
想要自己決定！想要自由選擇！
我們的内心都渴望能掌握自己的生活，
不被環境限制、不受他人操控。

但是，在這裡必須要強調自主性的眞正意涵，不是惡意的對抗或是只要我喜歡有什麼不可以的我行我素。而是自主選擇成爲主體決定者，不做被決定者的客體，關鍵在於**由自己啟動經過思考且具意識的行爲，並能爲此選擇負責**。

 NOTE .

☆ 正向思考帽時間：這一個禮拜當中，您在生活中的哪些地方展現了自主性？（例如：在會議上提出了一個嶄新的策略觀點、嘗試閱讀不熟悉的議題報導、選擇一家從沒吃過的餐廳、著手規劃一趟久違的家族旅行）

或許這些新的選擇或提案，結果不一定會如預期的美好，可能新餐廳的菜色口味不合；可能家族成員的空檔時間一直無法敲定；可能新議題報導的內容讓您讀起來有點吃力；您所提出的新企畫案也可能被擱置待討論。但是當我們懂得運用正向的思考方法，便不會將焦點放在沒有成功的地方，而是可以看到自己顯現出的自主性，在思考、嘗試的過程中，也同時修正、精進了自己的經驗，會期待著下次更好的自己。

4. 歸屬關係感

根據哈佛大學醫學院 Robert Waldinger 教授長期追蹤研究的總結：**良好的人際關係**是影響一個人快樂與健康的關鍵因素。如果沒有親密或重要的親人／朋友，想要維持快樂幾乎是一件不可能的事。然而，誠如著名的心理學家阿德勒所言：「人的煩惱都是從人際關係而來」，要維繫良好的人際關係，是一件不容易的事，如此重要卻又充滿困難的課題，我們應該要怎麼經營呢？

試著回想這幾天您跟朋友、同事互動的時候，有沒有因為對方的一句話，覺得心情大受影響？和家人、伴侶的晚餐時刻，會不會因為一點小事，感覺就快起衝突？人與人之間的相處，之所以會有這些互動時的緊張

氣氛，往往都是因爲我們放大了對方的「不友善」。如果我們可以試著用正向的思維去解讀，或許就不會那麼容易動氣，可以讓對方把話說完，在和緩的情緒中，我們也比較可以理解對方的眞正用意，而不會把焦點放在彼此矛盾之處。透過尊重、理解、包容、信任的過程，是雙方建立關係感的最佳時刻，滿足被關心在乎的心理需求，會讓我們更正向地去看待彼此的關係，願意付出更多心力維繫，讓感情加溫昇華。

> 用正向的眼光，看見人際關係中的友好連結；
> 用幸福的關係感，開啟人生的正向視野！

 NOTE.

✄ 正向思考帽時間：這三天當中，您生活中的重要他人，說了哪句讓您聽了不開心的話？

他說：..

我當下覺得：..

我推測他內心其實想表達：................................

轉換後的正向感受：......................................

〔二〕放大鏡模組

一個人從事一項行為即是在消耗能量，而消耗能量能否帶來該行為想要產生的作用、達到目標，決定一個人對自己能力感的評價，以及後續是否有動力繼續從事該行為。這是一個生物生存的保護機制，因為如果沒有這樣的評估系統，在耗能後若沒有帶來想要的結果，這樣白白耗盡能量的後果可能就是死亡。這也是為什麼一個人在從事一項行為之前，會先評估是否有機會達到想要的結果，一旦評估後覺得希望渺茫，通常就會直接放棄，不會白做工。

這樣的評估機制雖然對我們具有保護作用，但是在很多地方，卻很可能是阻礙我們把潛力發揮出來的心理限制。為什麼會成為心理限制，主要原因在於每個人評估行為能否產生效果的參照方法不一樣，大部分人的行為目標都在獲得某一種結果，若辛苦地付出精力，卻看不到成效，常常就會認為自己能力不足，也可能認為再繼續下去只是白費力氣，所以就放棄了。

因此，要避免讓一個人覺得白費力氣，最直接的方法就是要讓他看到付出精力會帶來效果。「放大鏡法」：是一種行為結果自我監控裡，很重要的技巧。學習把付

出精力所帶來的成果，用放大鏡去檢視產生的改變。當成果很大，大部分人一眼就可以看得出來，當然不需要放大鏡，之所以需要放大鏡，就是因為行為結果在許多人看起來是沒有改變的，這個時候，您就需要用放大鏡**去仔細檢視，找出那些微不足道的改變。**

這裡我們要以學習英文的情感改變為例，說明如何運用放大鏡模組，幫助我們一步步完成目標。台上十分鐘，台下十年功的道理大家都懂，因為現在的專業分工很細、也很專精，要在某一領域脫穎而出，沒有長時間的鑽研與積累，是很難達成的。但是要如何能讓自己能夠持續投入在某一專業發展，在專業投入時能否有正向情感經驗會扮演重要角色。如果在從事某一專業發展行為時，心中感到愉快、刺激、有成就感、滿足等正向情緒經驗，那就會常常想要去做，但是如果在做的時候覺得很有壓力、有挫折感、痛苦、無聊等負面情緒，那之後就會常常找藉口不去做了。很不幸的是，許多專業領域的發展過程，都會讓人覺得很辛苦、很有壓力、不好玩，這樣的情緒感受，讓許多人躊躇不前。但是，如果您用後面在跨欄模組裡談到面對困難心態的思路，把困難當作是您淘汰競爭對手的有利工具，您就會比較正面

地來看待專業發展過程所感受到的負向情緒反應了。要如何讓自己更正向一點，能從很負向的情緒經驗逐步轉化成正向經驗？這個時候，使用放大鏡模組，針對情感經驗中減少負向情緒、增加正向情緒，會是一個有幫助的方法。

如果您原本並不喜歡英文，但是基於職涯發展的需求，想開始有計畫的學習，並以讀、說、聽、寫各項英文能力，都達到外商公司招募人才的標準為目標。此時的您，可以先從自我情緒（包括：正向／負向）評量開始。首先，劃出兩個從 0～100 分的評量尺度（如下圖）。分項紀錄，從閱讀開始，評估自己**目前**對於閱讀英文的負向情緒感受，如果當下產生極度厭惡的感覺，就在量尺上 100 分的地方做記號。

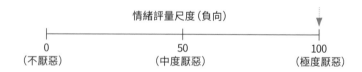

同樣的步驟，您也必須評估**目前**自己對於閱讀英文的正向情緒感受，如果現在的您，對於閱讀英文完全沒有好感，那麼就請直接在下方量尺上 0 分的地方做上記號。

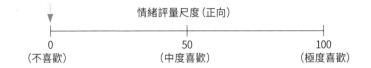

情緒評量尺度（正向）

0　　　　　　　　　50　　　　　　　　　100
（不喜歡）　　　　（中度喜歡）　　　　（極度喜歡）

　　接著，把這個對於英文閱讀情緒感受的尺度分數，標註日期與時間之後，儲存起來。然後開始思考「**閱讀英文**」這件事，對您日後職涯與人生的幫助，以最開始設定要應聘至外商公司的目標著手，當您英文閱讀的能力提升了，便可以透過更多管道去了解該公司的發展與願景、對於相關產業的資訊也能有更深入的了解，除了能夠增加應聘的機率之外，更可以幫助釐清判斷公司未來的展望，是否和自己預期的發展相符，節省一些摸索的時間，或許還能少走一些冤枉路。

　　除此之外，當英文閱讀能力慢慢提升時，您便可以開始從國外媒體的報導中獲得第一手資訊，不但能夠豐富自己的知識庫，還可以跟家人、朋友分享有趣的國際新知。透過開始閱讀的過程，您也會發現文章中，或多或少有一些詞彙或片語句型，是您原本就熟悉的，「讀英文」其實沒有想像中的困難。等您完成第一次的閱讀之後，再試著重新評量自己對於閱讀英文的正、負向的情緒感

受。此時，可能會稍微降低一點點負向分數，從極度厭惡的 100 分降爲 98 分；也可能把好感分數從 0 分微微上調變成 1 分。

這時候，不懂得運用「放大鏡模組」的人，可能會說：98 分，還是很討厭讀英文啊！喜歡程度從 0 分到 1 分，這有差別嗎？

而此時，就是展現心理能力的最佳時刻！

懂得使用「放大鏡模組」方法的人，會把量表中的分數，切割至 100 個等分，卽使經過一次的閱讀之後，還是不喜歡英文，但是因爲評量的等分夠細小，所以還是能記錄（看到）在情感上的一點點變化（見下圖）。在上述的閱讀經驗中，因爲看見了自己過去累積的能力（還記得曾經背過的單字、片語），所以微幅降低了對讀英文的排斥感，也同時上調了喜歡的分數。如此一增一減的結果，可以得到對於「閱讀英文」的整體情感經驗，已經朝著正向的目標靠近。當我們能在正向的情感狀態下學習，將更能享受學習的樂趣，也會大大提升學習的效果。加上持續使用「放大鏡模組」監控進展，把英文學會、學好，便是指日可待的事情了！您也會因此對自己控制情緒的能力更有信心。

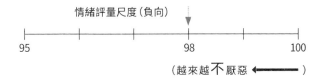

情緒評量尺度（負向）

95　　　　　　　　　98　　　　　100

（越來越 **不** 厭惡 ←　　　　）

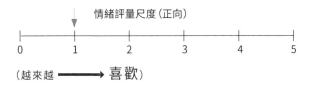

情緒評量尺度（正向）

0　　1　　2　　3　　4　　5

（越來越 ——→ 喜歡）

當刻度被放大越多，看見的進展就會愈加明顯！

透過數字量表的例子具體說明，很多改變不是沒有發生，只是可能在一開始還不夠明顯（記得那個新鑿刻的水道嗎？剛開始的 0.01%，需要很大倍率的放大鏡才看得見。）在追求目標的過程中，我們往往看得不夠仔細，或是完全忽略那個極細小的改變，導致產生「努力根本沒有用」的挫敗感。此時，正確地使用「放大鏡」，便可以幫助我們看到已經完成的小成果，提昇自我效能感，更有動力繼續向前；透過放大鏡的視角，看見辛苦付出的過程中，每個進步的細節，清楚知道自己正一步步朝著目標的方向，越來越靠近！懂得「放大鏡模組」的運用概念之後，此時若再加上正確的「目標設定」方法，將可以提高

放大倍率，加成改變的效果，讓我們更快享受到成功的果實。

　　喊出：「我要完成……」，大概只需要三秒鐘的時間，因此人們常常誤以為設定目標是一件很簡單的事。其實，回歸本書最核心的關鍵，「說出」想要很簡單，但「完成」想要可就沒那麼容易了。「我要在今年完成一場6K 的路跑」，假設一個沒有運動習慣的人，設定了一個開始跑步的目標。您覺得這個目標完成的機率大概會是多少？會不會到了歲末年終，根本連報名都沒做到？要完成這個目標的最好方法，首先必須將最後想要完成的大目標，切割成幾個細微、具體的小目標，最好是在短時間就能看到成效的微目標。例如：

　　微目標 (1)：每天 5000 步。
　　放大鏡：看到自己從不運動→每天可以達成微目標步數的小成功。

　　微目標 (2)：上述目標執行一段時間之後，開始在一週當中自由選出一天，慢跑 0.5K。
　　放大鏡：看到自己從 0K → 0.5K 的進步。

透過累積小成功的達標經驗，會讓自己更有信心與動力，也會更勇敢去接受挑戰，慢慢一步步地把想要變成真正做得到！

〔三〕廣角鏡模組

奧地利車手 Anna Kiesenhofer 在 2020 東京奧運，以 1 分 15 秒的差距擊敗了熱門的奪金選手，成為東奧至今最大的黑馬驚奇。除了大爆冷門奪下勝利之外，讓故事更添傳奇的是，征戰奧運場上的 Anna Kiesenhofer 並非職業運動員，她不僅擁有英國劍橋大學數學碩士學位、西班牙加泰羅尼亞理工大學（UPC）應用數學博士學位，目前也已經有一份在瑞士洛桑聯邦理工學院的正職工作。數學博士與自行車奧運金牌有關係？這是多數人覺得無法連結的地方。根據報導，正因為鑽研數學的 Kiesenhofe 有著一顆邏輯清晰的頭腦，不僅提早抵達東京研究本次的賽道路線和天氣，還透過模擬計算，規劃出一套最適合自己的策略戰術，才能在奧運場上出奇制勝。

一個善於肢體表現的舞者，如果可以更理解音樂，相信會更能傳達舞蹈的意境；一個優秀的科學家，如果同時具備文學造詣、懂得溝通藝術，相信一定更可以將重要

的研究發現，用淺顯的文字讓大眾理解，產生具體的科學實用效益；一個出色的製圖設計師，如果有足夠的空間概念、了解不同建材的屬性，相信一定更能規劃出既符合客戶需求，又便於施工的完美設計圖。

當一個人累積經驗的面向越多，就越能觸類旁通，越能懂得從眾多經驗中，比較之間的異同，歸納整理出通則，為理解未知做更多的準備！

在資訊網絡發達的今日，人們很難只停留在單一領域，就能出類拔萃。此時，我們可以利用**廣角鏡模組**來增進自己的能力感，擴展多面向經驗，累積能量。透過廣角鏡頭看世界，會發現一切都變得更寬闊，那些以為新奇的風景，其實早已存在，只是我們沒有用開放的視野和心胸去探索。就像我們每個人身上也累積了許多能量，但礙於沒有用適當的方法去察覺、運用，所以感受不到那些寶藏。當我們懂得用**廣角鏡模組**去拓展自我概念時，就會發現各個面向之間，存在著密不可分的關係，（念理科也可以愛文學、學烹飪也要懂化學）。累積豐富多元的經驗，不但是創意思考的重要來源，擴充發展的面向，更可以讓自己的根基穩固，爬得更高、看得更遠。不同經驗面向之間的連結愈明顯，彼此之間的交互作用，也會愈加活躍，可以帶動整體自我的成長與發展。

曾經在運動教練講習的工作坊中，教導大家如何善用廣角鏡來打破思考框架。試想：卡車司機、賣場經理、餐飲服務……等工作，乍聽之下，會覺得與教練這個職務毫無關聯。但如果利用廣角鏡模組的思維，就會發現透過在這些行業之中所累積的經驗與教練工作的連結。這個連結練習會幫助個體學習高階遷移能力，也就是有意識地將情境之間進行抽象化的連結（Schunk, 2004），像是學會了溝通、學會了管理、學會了包容與忍讓。這些都是運動教練們在訓練選手與帶領團隊時，所亟需的重要領導能力。

藉由廣角鏡頭，我們可以更全面地檢視，更迅速地找到經驗連結的意義與價值，更懂得珍惜看待生活中的每一個經驗，為自己的未來加值。當我們可以全盤思考，觸類旁通的時候，就代表我們已經扎穩根基，可以盡情地向上、向外搭建成功的堡壘了！

〔四〕驅動模組

If you want to build a ship，don't drum up people to collect wood and don't assign them tasks and work, but rather long for the endless immensity of sea. 這段出自《小王子》的經典語錄，中文譯為：「如果你想建造一艘船，不

要光發號施令催人蒐集木材，不要只是分配工作任務，**只要激起他們對大海的無限渴望！」**

短短的一句話，讓我們看到激發一個人的「動機」有多重要。

對於目標的追求，對於未來的嚮往，怎麼讓每一天都充滿熱情跟希望？

透過驅動模組，讓我帶著您慢慢享受努力的過程、一步一步往目標靠近。

首先，讓我們來認識**「動機三劍客」**。

1. 動機三劍客之一：看見價值。

> 深入看見隱藏在事情背後對自己的價值，
>
> 就會激起想去做的念頭！

想像一下，今天在路上遇見 10 年後的自己，會是什麼模樣？健康、自信、大方、擁有穩定高薪的工作，正一步步實現夢想；還是渾渾噩噩、漫無目的，每天只是過著日子，不知道生活的目標和意義？

哪一個是您想遇見 10 年後的自己？

那是「每個今天」的您所累積而成的樣子。

那是您的「每個選擇」所演進的結果。

現在，不妨就拿起紙筆，再仔細認真地想一次：**您最想看見自己 10 年後的樣子？**具體清楚地寫下在心中想要的模樣。

如果您想要看見健康的自己，那麼，現在起吃宵夜、啃炸雞、薯條的頻率是不是得減少一些？

如果您想看見財富自由的自己，那麼，現在是不是就得開始有計畫的儲蓄、學習投資理財，並且減少網購、團購等不必要的開支？

如果您想看見事業有成的自己，那麼，現在是不是該多培養語文能力、增加專業知能、學習人際關係經營等，而不是把時間花在追劇及玩手遊？

當您清楚地看見目標、看見夢想，您就會更堅定地踏出現在的每一個步伐，會更明白每個今天所努力的價值，會更清楚每個辛苦的當下，都連結著心目中理想的未來，每天往前邁進的一小段距離，都是往成功目標更靠近的證據。

2. 動機三劍客之二：累積成就感。

> 累積過程中的成就感，建立成功達標的信心。
>
> 尤其在遭遇挫敗時，**成就感**是讓自己
>
> 堅持下去的重要動力！

在這裡要先教您一個讓成就感具體化的簡單方法。首先，準備一本筆記簿，記下您每天完成或經歷的事件。藉由文字記錄，您需要不停回顧省思，自己與他人或事物之間的互動狀況，透過這個看似簡單的過程，可以提昇自我覺察的能力，並能幫助自己更了解自己。例如：如果您的目標是在半年內要完成論文，那麼就請開始記錄您每天寫下了多少字數；如果您的目標是在一年內完成一場半馬（21K）的馬拉松賽事，那麼就請記錄每次練習的里程數；如果您的目標是在兩年內通過 GRE 考試出國留學，那麼就請記下每天背了哪些單字、閱讀了什麼文章。透過這些具體的記錄，您會更清楚地看到，自己每個努力的步伐都與未來的夢想產生了連結的價值，會更清楚地感受每次的努力都已經爲將來的成果帶來些微的改變，看見自己已經一步一步朝著目標的方向更加靠近，這樣不斷體驗成功經驗的過程，會讓自己產生「只要我開始行動，就會有好結果」的「效能感」（self-efficacy），增加對自己能力的肯定，也藉以減少對未知的恐懼與擔憂。因爲相信，也具體看到了進步，不斷累積的「成就感」，會讓我們更享受努力的過程，看見行動與目標越來越靠近的同時，會增加我們的動力，更加願意爲了目標堅持，付出努力！

3. 動機三劍客之三：享受樂趣。

> 享受並樂處在努力的過程中，
> 是驅使自己不斷向前接受挑戰的最高境界！

　　分享一個我的親身體驗。1987 年，美國桌球公開賽！

　　當時教練看到緊張的我，開口說了一句：「It's just a game.」要我把比賽當成是一場遊戲（Game：譯為比賽也叫遊戲）。教練隨即又補充：「雖然把比賽當成在玩遊戲，但還是要以非常認真的態度投入，只要盡了全力，一次的勝負就不是那麼重要了。」當下的我，仔細思考了教練所說的這番話。雖然這場比賽對我確實很重要，但不是輸了人生就沒了，決定我人生大局成敗的，絕不會只靠這場賽事的結果，何必那麼緊張呢？再者，每次競賽無論輸贏，都必定有讓我可以再成長的地方，只要留得青山在，未來還有許多可以再「玩」的機會，當下能做得就是好好把握住每個出賽的機會，好好享受比賽！現在再想一想，遊戲讓我們學會很多道理，所以用這種心態來面對人生所有的事，認真玩每一個遊戲，讓自己享受其中，再將於遊戲中領悟到的道理遷移到其他生活場域之中，會讓您越玩越厲害，越想要接受更多遊戲挑戰，也會更能享受其中的樂趣了。

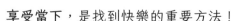

享受當下，是找到快樂的重要方法！

在此，我們可以藉助正念（Mindfulness）的重要概念，來學習怎麼享受當下。

「用客觀、不評判的態度，有意識地覺察當下身心與環境的變化。」（Creswell, 2017）

正念是一種觀察當下的技巧，可以幫助我們更全面、更細緻地感受當下的經驗。開始的第一步就是將意識集中在當下正發生的事情，並且以開放的心態去觀察，不評判好壞，也不要試圖去改變。只是單純地注意、觀察及感受。在開始練習時，可能會無法集中精神，心思會很容易游移，此時，可以藉由呼吸調息或專注在身體感官的方式，將注意力拉回。這是一個需要反覆練習的過程，過程中不需要刻意尋求解答，只需要專注感受當下的狀態即可。

利用正念的方法，幫助我們感受當下，找到樂趣，一步步完成目標。以「一年內完成一場半馬（21K）的馬拉松賽事」為例，首先，我們必須學習中性地看待自己為目標所付出的努力。如果將注意力放在練跑時的不適感（身

體痠痛、肌肉緊繃），那麼這件「苦差事」，很快就會讓您失去動力；反之，如果在練習時，可以嘗試啟動不同的感官，可能會聽到樹梢小鳥的歌聲、可能會聞到撲鼻的桂花香味、可能會看見平時從沒有注意到的一家小店。這個全心全意投入當下的新奇體驗，會讓您把正在進行的活動與美好的情緒感覺緊密連結，下回練跑時，就不會只是再想到疲累，而會漸漸期待每次可能經驗的不同風景！

享受樂趣，可以讓您一直保有動力！

〔五〕魔鏡模組

人類的許多行為，都與強化或保護自尊（Self-esteem）有關（Orth & Robins, 2022）。

自尊是基於我們對自己看法和信念而建立的。

關乎我們如何評價與看待自己。

如果說，自信是相信自己可以做到的能力。

那麼「自尊」就是評斷自己「夠不夠格去做」的一種心理狀態，涵蓋的層面更加廣泛。

　　擁有高自尊的人知道自己的優勢，並且由衷地喜歡自己、相信自己，因此會以極高的動力，追求成功與卓越，願意付出更多的努力，期許自己變得更好。

　　反之，低自尊的人，傾向負面解讀自己的能力，不僅缺乏自信，在人際關係互動上的表現也會較為退縮。

　　要建立高自尊的第一步，就是**喜愛自己**！人生中有很多時刻，我們都在證明自己，希望展現成果，藉以得到他人的肯定讚賞。但在這個世界上，只有您知道自己有多獨特，也唯有您最了解自己。在希望得到他人掌聲之前，我們應該要先停下腳步，學會**關注自己、接納自己、感受自己、喜愛自己**。不是靠外在奢華的行頭，不是用優渥的物質，而只是用最單純的角度，看見自己的獨特，喜歡自己。

1. 喜愛自己的第一步：接受自己！

我們改變不了鏡中的外在模樣。

我是善良孝順的、我是有責任感的、我很幽默大方、容易相處、我的味覺很敏銳、我很會游泳、會畫畫、還很有邏輯……。這些獨特的個人特質，都無法透過一般鏡子看見。但，卻不能否認它們存在的事實。不管身型外觀、個性能力、人際關係、職業階級……等等，每個人都要先學著接受**自己的樣子**。每個現在的自己，都是與生俱來的基因與後天環境互動而產生的結果。即便雙胞胎也會因為外在環境刺激條件的不同，而有差異。因此，了解自己是這個世界上**獨一無二的個體**，會幫助您更加喜愛自己。當您體認到自己有多麼獨特時，就可以很勇敢、很放心地展現自己的特色、建立自己的風格。扮演好自己的每個角色與功能，為他人帶來正面積極的幫助與貢獻。記得過去在協助奧運選手提升賽場自信心時，曾經碰到有選手喜歡在參賽時，往自己臉上塗上一些色彩。教練很不以為然，覺得為什麼選手這麼的搞怪？經過我的解說後，教練才明白選手能勇敢地創造自己的形象，想要建立自己的風格，是一種自信的展現。而該次比賽，選手也確實創造了前所未有的佳績。所以，接受自己進而勇於形塑自我的風格，會讓您更愛自

己，也因此會更有動力去追逐夢想。

2. 喜愛自己的第二步：覺得自己不錯。

學會接受獨一無二的自己之後，接下來還要學著：覺得自己不錯！透過以下的三個方法，會讓您更加地喜歡自己喔！

(1) 正向的自我陳述：

<u>請試著形容一下您所認識的自己？</u>

面對這個問題時，多數的人，可能會突然語塞，不知道要從何說起；或者會如面試般，一板一眼的自我介紹：從家庭背景、學經歷……開始從頭說起，不知道要如何聚焦形容自己？不知道要如何表達自己的優勢？不知道自己**好在哪裡**？

因為，我們很少花時間多看看自己、多認識自己，發現自己的與眾不同。反之，我們會把自己的好，視為理所當然，不知道每個「好的面向」其實都值得被肯定、值得被讚美的。

例如：上班時，跑了 20 公尺，好不容易追上即將開走的捷運，您應該由此看見自己體能還不錯，能讓您在想衝刺的時候，真的能跑起來。

下班後，同事邀約聚餐、唱歌，雖然會因此占據私人的休息時間，也會增加開銷，但您應該看見，這代表您的人緣其實還不錯，大家都喜歡和您相處！

　　休假時，能和家人一起踏青郊遊，代表您擁有健康的身體、和睦的家庭關係；朋友們願意跟您傾吐心事，代表您讓人有信任感；照顧流浪貓、狗，代表您的善良……還有許多看不見的特質，可能是您的正義感、是您的同理心、是您不與人爭的隨和、是您不擅計較的慷慨。

　　細想一下，您就會發現自己的獨特與美好。從今天起，就開始學著用正向的角度，去詮釋本來視為理所當然的日常。

看見，自己的每個努力；真心，喜歡自己！

(2) 覺得自己不錯的第二個小祕訣：

看見自己的進展。

　　如果您正計畫著想節食減脂，每天把注意力放在體重計上微幅的變化，心情因為數字的小小增加而沮喪，覺得自己明明很努力，卻不見成效；或者，因為數字小小的下降而開心，結果可能不小心又多喝了兩口奶茶，每天

對著反反覆覆的數字感到焦慮，不僅無法達成節食減脂的目標，還可能讓自己失去動力、失去信心。

如果，我們學著注意力放在「**看見自己的進展**」，結果就會大大不同。

今天午餐的澱粉比昨天少吃了三口、飲料從大杯奶茶改成中杯、下午點心從起司蛋糕改成蘇打餅乾、宵夜從泡麵改成優格、搭捷運選擇走樓梯，沒有搭手扶梯、晚餐後，從直接躺在沙發滑手機，改為吃飽先站著五分鐘之後再坐下。雖然這些只是微小的改變，也不太可能馬上就反應在隔天的體重數字上。但如果能看見自己每天的進展，知道自己是願意努力且有能力完成目標的，無疑就是一種對自我的肯定！

相信自己可以，證明自己可以，您就會更愛自己！

上面只是一個小小的例子，生活中有許多面向，都可以用相同的模式思考。學生們擔心考試的章節太多複習不完，與其焦慮，不如先停下腳步看看自己已經完成的進度，就會發現腦袋裡面並不是一片空白，在持續的學習過程中，早已經累積許多能力；上班族擔心這個月的專案無

法完成，與其抱怨，不如試著先盤點手上擁有的資源，就會發現許多小目標，其實已經在您的努力之下完成了。

看見進展，會讓我們更有動力，也更相信自己可以完成目標；看見努力過後的進展，會讓您更有動力，更加自信地邁開下一步。

（寫這本書的時候，每次打開檔案，我總會記下左下角的字數，與上一次寫作時相互比較，看到一直增加的數字，也是非常重要的動力之一喔！）

(3) 覺得自己不錯的第三個小祕訣：

回顧自己過去在生活各面向的**效能感**。

自我效能感高	自我效能感低
我有把握這次期中考英文考 90 分以上	這次的英文考試，我只要有及格就不錯了
雖然這個月的業績目標有點高，但我相信我可以做得到！	這麼高的目標，我怎麼可能達成？ 我是不是根本不適合做這行？
願意投入 良好表現 增加信心　　**良性／惡性循環**	低估能力 無法掌握 挫敗經驗

科學小知識

自我效能（Self-efficacy）美國著名心理學家阿爾波特·班杜拉 (Albert Bandura) 將自我效能定義為人們對自身能否利用所擁有的技能去完成某項工作行為的自信程度（www.apa.org, 2022）。

簡單來說：自我效能是一種相信自己**想去做**，就真正能**做得到**的自我能力感覺。

透過上述表格的說明，相信大家應該更可以理解「自我效能」的意義與重要性。

一個自我效能高的人，在面對挑戰時，並不是完全不畏懼，一股腦兒地往前衝，而是知道自己有能力突破困境，並且願意為了完成目標而投入更多努力，在每次完成目標之後，會對自己的能力更有信心（效能感提升），也就更不懼怕下次的挑戰，漸漸會塑造一個成功經驗的正循環。相反地，自我效能低的人，會覺得自己沒有能力完成難度較高的事情，因此在面對挑戰時，會傾向選擇逃避，缺乏成功經驗的結果，會更否定自己的能力，落入惡性循環。

建議：透過每天回顧生活中的小進展，去看到自己的「效能感」。可以在每晚睡覺之前，運用前面說明過的放大

鏡模組，想想一天中，自己想做並且眞正做到的事情，不論是工作、學業、和朋友的相處、和家人的互動，任何面向、任何微小的進展，都仔細回想。例如：一直都想要讓身體多多動一下，回顧到今天在點完早餐後，等待時，就先在早餐店附近快步走了幾分鐘，覺得自己很會利用時間，說動就動，這樣的效能感會讓自己覺得自己不錯。相似的，原本覺得自己是一個社交上比較被動的人，因而覺得應該要再主動一點，回顧自己今天在一個陌生的社交場合，主動跟一位新朋友開啟對話，也會提昇自己的效能感，讓自己覺得不錯，因爲把心中想要做的事做出來了。又例如：早晨沒有用到貪睡提醒，鬧鐘只響了一次就起床了；有充裕的時間好好吃早餐；午餐後，沒有拿出手機看購物網站，而是起身慢走 500 步；開會專注的時間從 20% 增加到 30%，甚至還記下幾個重要的 memo；下午茶的那杯奶茶也從全糖改爲九分。當您開始細想看似無奇的日常，您會發現其實一天當中，有許多值得嘉獎自己的地方。

透過每天**選擇性回顧**、複習那些讓自己感受小有成就的經驗記憶，不僅能激發正向的情緒，更能再次強化對自己的信心，增加對自己的滿意程度，看見自己能力的同時，便會越來越喜歡自己，知道自己可以越來越好！

看見過去正向的經驗；
選擇性萃取正向經驗；
建構您正向循環的新世界。

上述的三種方法：正向的自我陳述、看見自己的進展、回顧自己在生活各面向的效能感。相信聰明的讀者們一定已經發現，它們並非獨立存在，而是應該交互使用。從今天起，讓我們一起學習用正向的言語描繪自己，用正向的眼光看見自己的進步，自信、成就、喜歡獨一無二的自己！

3. 喜愛自己的第三步：知道自己的價值。

喜歡自己，不是自戀。隨時隨地肯定自己、看見自己的價值，可以幫助您更喜愛自己。然而，對於「自我肯定」的認知，東、西方文化中存在著明顯的差異。日本暢銷心理諮商師：中島輝，就在《活出自我肯定力》一書中提到，日本 13 ～ 29 歲的年輕人在「對自己感到滿意」的選項上，選擇「滿意」與「還算滿意」的總和不到一半，相比歐美地區的年輕人，選擇這兩個選項的比例，竟高達 70 ～ 80%，（中島輝，2020）。這樣的文化差異，除

了影響自己的心情與心理健康，也可能會影響人生的成就。以我過去在美國求學的經驗，當時剛好有個校外的研究計畫需要支援，觀察實驗室夥伴的反應，掌握度不到20% 的學長，回答：I can try! 掌握度近 50% 的學姐一口就說：No problem! 相較之下，有 70% 把握度的我，選擇回答：I am not sure. 反思這個經驗，當時若以教授所接收到的訊息，這個計畫可能「所託非人」，而我也會錯失一次挑戰自己的機會。

　　台灣社會上有許多的家長、父母、老師、領導者，常常把注意力放在不足之處，一直在挑錯，深覺自己的責任就是幫下面的人找出需要改進的地方，也因此我們大部分人所收到的回饋都是哪裡做得不夠、做得不好、需要改善。在這樣的環境下成長，哪怕別人都覺得您有很多優點、已經很厲害了，自己卻還是看不到所擁有的這些正面資產。所以我們要學習調整心態，接受自己現在的模樣與狀態，保持成長的心態，抓住各種讓自己繼續往上發展的機會和挑戰。

　　另一個知道自己價值的心態是，能體認身爲社會性動物的一員，每個個體都有自己可以扮演的角色。也就是天生我才必有用。這個有用、有價值的觀念，不必依賴別人，而是自己要能看得到。用個較極端的例子來說明，可

能可以讓大家更清楚。假如：某個年輕人因為種種因素，沒有良好的學經歷，只能暫時在加油站工讀維持生計。乍聽之下，這應該不是大部分人眼中前程似錦的人才。但是這位年輕人卻看到自己擁有健全的四肢和清楚的腦袋，加上一副好心腸與笑臉迎人的個性。每次幫車主加油時都會主動問候並提供車輛保養的訊息，每位讓他服務的顧客都很喜歡他，而他也樂於幫助客人、提供建議。創造一個讓自己快樂，也讓顧客在短暫相處的幾分鐘，有非常愉快的互動經驗。正因為知道自己這樣的服務態度與熱心能帶給顧客快樂，所以覺得自己是一個很有價值的人。因此，願意努力強化自己，讓自己成為群體的資產，而不是負債。

古訓：己立而立人，也就是先把自己的腳步站穩，創造自我價值，並在修身之後想辦法幫助他人，進而齊家、治國、平天下。以利人利己的最高決策智慧，讓自己驕傲自信地開拓更多的資源、擴大社會影響力。

〔六〕吸引力模組

請試想一下自己喜歡跟什麼樣的人相處？身邊最親近的朋友是什麼個性？您會把心事跟誰說？會跟誰分享祕密？人與人的相處，是一種相互的吸引。

受人喜歡，是人際關係重要的一步。

要讓別人喜歡您，除了可以透過創造彼此愉快的互動經驗之外，還可以展現自己的價值，運用社會交換理論（Mitchell, Cropanzano & Quisenberry, 2012），與他人進行資源共享，創造雙贏！

以下依據這兩大方向，爲各位繼續說明：

1. 創造彼此愉快的互動經驗

(1) 善用同理心：懂得換位思考，設身處地體會他人的情緒感受，並能用對方的角度理解立場，給予適度的關心問候，不躁進給意見或評價，有時只是靜靜傾聽、默默陪伴，就是最好的力量！

(2) 展現適度的熱情：懂得拿捏人與人相處之間的平衡溫度，是關係經營中最有智慧的一個環節。適度的熱情，可以讓彼此的感情快速升溫，有助於建立起信任親密的關係。但過度的熱絡，或者強硬地把自己認爲的「好意」加諸在他人身上，反而會使人覺得困擾、壓迫，產生抗拒不適感。把握分寸，找到平衡，努力讓自己成爲一個溫度剛剛好的暖暖包！

(3) 讓別人開心：創造彼此愉快互動經驗的最大前提，就是開心。當作一件事，提到一個人的時候，會揚起嘴角露出微笑，那麼我們就會想要重複這個愉快的經驗。與

人互動時，如果我們可以試著從不同的事件中，滿足對方的基本心理需求（自主性、能力感與關係感），就能大大增加互動時的愉悅感，讓彼此的關係更加親密穩固。

　　然而，要用什麼方法才能滿足別人的心理需求呢？以「能力感」部分爲例，有效的方法就是：讚美對方。一般人可能會覺得讚美別人很簡單，但是要讚美到對方的能力感需求獲得滿足，就不是那麼容易了。比較有效的讚美是要**具體**，例如：當您的朋友上台做完一份簡報，您可以讚美他說：「PPT的內容很精簡概要，能以少量的關鍵字搭配圖片，引導聽眾專心聽講。」這樣的讚美就會比：「報告做的很好！」還要到位。具體指出優點，不但能讓對方明確地知道哪些地方做的好，也更能讓被讚美者相信這個讚美的眞實性，不只是外交辭令。當一個人的表現被具體讚美之後，除了會滿足其「能力感」之外，您願意把心思放在對方身上的這個表現，顯現出您是眞的在意，如此又能滿足「關係感」的心理需求。當您在讚美的時候，除了具體說出PPT哪些地方做得好之外，如果您又再強調他做這個報告的「自主性」特徵，例如：「這個PPT的風格很獨特，從來沒看過這樣的設計搭配。」綜合以上的讚美效果，就同時滿足到能力感、自主性與

關係感，這三大基本心理需求了。相信這位被您讚美的人，這個時候的心情會非常好，會更期待以後做簡報時，您都會到場聆聽了。

2. 展現價值→實踐利他主義

要讓人喜愛，除了在個性上能相互吸引之外，還可以讓別人覺得您擁有資源，也就是對別人是有用的，掌握資源可說是建立人脈的關鍵。這個資源的概念是廣義的，不是狹義地侷限在物質能力或權力資源。例如：您有正向的能量、您有透澈分析事件或問題的能力、您能幫助別人跳脫框架、換位思考、提升生活意義與生命價值，助人過得更充實、更快樂。這些都是您無形的資源。

「社會交換理論」告訴我們，人類傾向於跟自己目標理想一致的人成為夥伴，不只是讓自己有「被利用」的價值，更希望能互相加乘。因為被利用是單向的，互相加乘則是動態雙向的概念，這樣才可能產生非線性跳躍式成長的火花。建構雙贏，產生 1+1>2 的效益。

埃里克森博士請 4,017 人接受問卷調查，詢問他們捐款與參加志工活動的頻率，調查這些人利他與利己的傾向。之後也調查這些受測者十四年來的變化。結果發現，就算利己與利他的人一開始的年收入一樣，但隨著

時間經過，主張利他主義者的年收成長率是利己主義者的1.5倍。

為什麼會有如此差距呢？利他主義者即使身在職場，也會很關心周遭的人，看到別人遇到麻煩，會主動詢問需不需要幫忙，也會盡力為團隊設想，不推託計較，隨時準備為他人貢獻一己之力。

透過這些日常行為的累積，搏得他人的肯定與信任，最終有較高的機會得到重要的工作，或被拔擢為團隊的負責人，年收也因此增加，與只懂得顧及自身利益的人拉開差距。

〔七〕吸星大法模組

武俠小說中的吸星大法，是一種能夠吸取他人內力，以增進自身能力的特殊武藝。借用這個概念，當我們與環境互動時，也可以像吸星大法一樣，隨時隨地增加自己的內力，就像存款一樣，為未來留存／預備。

人生的存款，除了我們最常想到銀行存簿上的數字之外，在這裡想要更廣泛地延伸至：為生命累積各類的資源／資本。包括：個人的生理、心智、體能以及社會人際關係發展……等方面。能在越多的面向上累積資源，就可以擁有越多的選擇權，讓人生過得越精采。像是購物

時，完全不需要在意價格一樣，因爲帶著滿滿的荷包（存款充裕），只需要選擇把喜歡的東西放進購物車就好了。

當您擁有豐富的人生存款時，對生活中的許多事物，都會充滿興奮期待。如果您擁有好的身體存款：身強體壯、健步如飛，那麼當大家約您一起打球、健行時，您一定會非常期待著好天氣，期待跟大家一同運動，一起郊遊的日子；當您平日就有刻意練唱的習慣，擁有一副好歌喉的您，和好友們相約 KTV 的歡唱時刻，應該會是您最期待的休閒活動之一；當您已經爲出國唸書準備英文一段時間，在路上偶然遇見需要幫助的外國朋友時，您一定會馬上向前詢問並提供協助，順便檢視一下平日口說練習的狀況。

這種做好準備的狀態，會讓您進入一種隨時保持興奮期待的心情，當遇到的狀況是自己早有準備時，會迫不急待想要大展身手，展示能力，也檢驗努力的成果。把跟環境的互動看做是自己運用吸星大法的機會，即使遇到的狀況不如預期，也不會顯得慌亂，因爲知道這是一種負荷，是可以爲自己增加存款的最佳時機，便能夠很快地用正向的思維想辦法克服困境！

相反地，如果沒有吸星大法的心態，當身、心的存款不足時，我們對於很多狀況，都會出現忐忑的情緒。像

是身上只帶著零錢上街，不用說想要買喜歡的東西，很有可能連需要的東西都買不了。

既然知道增加人生存款的重要性，我們平時可以做些什麼來增加人生存簿上的可用餘額呢？

此時，我們就要運用「人生最大公約數」的概念，找出可以產生最大槓桿效果的力量，讓每一個小砝碼都發揮出最大的作用力！

人生存簿的三大資源：

1. 身體資源

擁有健康的身體才能夠享受人生，所以增加人生存簿的第一個公因數，就是累積身體資源。利用生活中的小空檔，隨時隨地可以這樣做：

(1) 增加站立時間

科學研究已經證實，久坐對健康的損害，甚至發現長期久坐的生活形態與許多特定癌症的發生率有密切的關係。生活中只要把握「可以站著就不要坐下」的原則，人人都可以避免久坐對於健康的危害。如果您是通勤的學生或上班族，每天早晚的通勤時間，就是最好的鍛鍊時刻；

如果您每天大部分的時間都得坐在辦公室或是書桌前，那麼您可以設定每小時站立五分鐘的小目標，不僅可以促進健康、刺激血液回流，還能避免腦霧，提升工作效率喔！

(2) 小空間大利用

「8 字形走路法」：可以利用等人、等車、等餐點的小空檔進行，這個活動不僅隨時可以在有限的空間裡進行，8 這個數字斜看就是一個「無限∞」的意思，也就是可以無限循環，讓動能維持不斷的概念。加上行進方向可採用順時鐘／逆時鐘交叉變化，更可進階地使用到左、右、內、外不同肌力的平衡能力。步行的速度、強度完全可以依自身的狀態調整，非常容易上手，極度推薦給剛開始想要運動，或是年長肌力較差的民眾！

「金雞獨立」：延續增加站立時間的概念，若能在站立的同時，增加運用左、右腳獨立站姿的方式，除了能打破久坐之外，還可以強化下肢肌力，訓練平衡能力（小腦、神經、肌肉控制有關）。

「單腳跳、雙腳跳（虛擬跳繩）」：此項活動可以視為是金雞獨立運動的進階版。在時間、空間允許的狀態下，進行單腳站立活動的同時，若能再加入跳躍的活動，不僅能更增加下肢肌力的負荷，也可以在短時間增強心肺功能。

簡單建議幾個可以隨時隨地累積身體資源的小運動，希望大家都能開始增加身體的存款。不論學業、工作乃至生活中的一切，都需要擁有好的體能，幫助腦力運作，提高生產力，增加成就感。

同樣的登山活動，唯有擁有足夠的體力，才可以盡情享受美景，而不是氣喘吁吁地追趕同伴，埋怨著為什麼要參加這個活動？埋怨自己為什麼體力不如人；享受美食時，您不需要想著自己的血壓和脂肪肝；試穿漂亮衣服、合身西裝時，您不需要大力吸氣，抗議著腹部脂肪；在團體中，您可以擁有十足的選擇權，當個行動力百分百的勁量電池，而不會有「心有餘而力不足」的感嘆。

在這裡要提醒大家，健康存摺絕對不是長者才需要，它在人生努力奮鬥的上半場階段，就扮演著非常重要的角色，唯有擁有健康的身體，才能專心於課業、才能全力拚搏事業。「健康」與否都需要時間的作用，人們不會因為一天酗酒就得到肝炎，也不會因為一天騎十公里的自行車，就治癒既有的三高疾病。如同投資的複利概念，時間是最好的催化劑，持續放入好的因子，透過時間的滾動，就能收穫始料未及的好處！如果可以從年輕開始，持續累積健康存摺，您將會享受高利率的優惠，事半功倍為自己

存糧，更有機會在上半場先奪得優勢，當同年齡的親友開始為病痛所苦時，擁有豐富健康存摺的您，則已經開啟精力充沛、享受人生戰果的樂齡退休生活！

只要從此刻開始累積，相信每個人都可以找到自己增加健康存摺的好方法，即便每天都只有存入一點點，只要不放棄，假以時日，一定會看見大大的成效。

2. 心智資源

人類與動物之間最大的區別，就是心智能力。我們有意識、可以運行思考、分析判斷，這些能力讓人類可以持續不斷地進步。但是每個人的心智能力卻不是因為年紀增長，就會隨之提升。有些人年紀輕輕，卻非常成熟、思慮周全；然而有些人展現出來的心智能力，卻跟年紀完全不成正比。

如果您擅長對於日常的點滴進行觀察記錄，那麼可能在下午茶一杯咖啡的時間裡，您已經透過窗外的風景，記錄了有趣的人生百態、已經藉由過往行人偶然的互動，觸動了您無限的創意，創作了一篇短文，手繪了一幅畫作，甚至擬出了一份文案的草稿。反之，面對一樣的場景，卻可能有人完全無感。一樣的落葉，詩人可以

賦予無限秋意；無心之人，也可以視而不見。

　　為什麼面對一樣的外在刺激，人們的反應會有那麼大的差別呢？關鍵就在於我們每個人對於接受訊息後的**加工處理能力**不同，因此對於每則訊息的刺激，會產生截然不同的感受與解讀。想想，如果對於周遭發生的一切事件訊息，我們都沒有感受，也沒有任何觸動，大腦就不會運作對訊息加工的程序，不但無法增進思辨的能力，人生也會少了許多豐富、有趣的色彩。

　　累積心智資源的重要關鍵，就在於 input & output：

　　(1) Input： 對於資訊的接收與觀察。

　　文人曾以「好鳥枝頭亦朋友，落花水面皆文章」。形容在春日讀書的悠然情趣。這便是高度展現訊息處理能力的例子，對於窗外的風景，隨筆成詩。擁有越強的資訊 input 能力，就越會發現周遭環境發生的一切，都能變成滋養成長的沃土，尤以現今日新月異的科技，我們能透過更多的方法汲取知識，進行更多增加心智能力的腦力加工活動（ex：閱讀、聆聽有聲書／Podcast、參加各類的論壇及研討會活動…等等）。如同開啟 Wi-Fi 接收器，您會發現處處都搜尋得到分享的資源，端看您是否擁有金鑰，能以連接。

(2) Output： 將接收的訊息加以統整應用，串接過往經驗，轉化成未來可應用的資源。

想要增加心智資源，成爲能夠因地制宜、隨機應變，真正有智慧的人，除了要有擅於接收、解讀訊息的 Input 能力之外，搭配能夠輸出、統整、應用的 Output 能力，將更能加速提昇心智能力的效率。當我們開啓多元 Input 接收模式，會有大量的資訊進入我們的大腦，這些訊息對我們是全新的刺激，會開啓我們嶄新的視野，但輸入的資訊若沒有進一步轉化成爲自己的語言，很快就會被遺忘。因此，我們需要學習將汲取的訊息進行加工，轉譯，如上述文人，將眼前所見的自然景物，撰寫成流傳千古的文字，正是一種 Output 能力的展現。除此之外，我們還可以將新知搭建在既有的知識與經驗之上，運用統整能力，將各方的資源串接應用，拓展能力圈。

累積心智資源不僅可以增加我們各方面的能力，透過不斷 input & output 的過程，我們會開啓更多的感官，會更用心與周遭環境互動，並學習用更開放的角度詮釋發生在身邊的每一個故事。漸漸成爲一個客觀公正、具有智慧、擁有正向能量影響力的人。

3. 社會人際資源

　　人類無法離群索居，必須靠著群體互助合作，始能讓個人、社群成長進步，因此，我們必須積極經營人際關係，認識新朋友、鞏固舊友誼。不論您現在是學生、或者已經是踏入社會的上班族、抑或是家庭主婦、退休銀髮族，每個現在的您，都有屬於自己可以隨時隨地累積人際資源的群體。

　　學生們可以利用課後時間參加社團、校際間的活動，或是籌組讀書會；上班族可以參加各類的座談、研討會，不僅能吸收新知，掌握時勢脈動，更可能有機會認識洽談異業合作的夥伴，一舉數得。或者可以找幾個喜愛的運動社團，利用假日走出戶外，享受不一樣的生活刺激；家庭主婦們在家務繁忙之餘，更要找時間拓展自己的生活圈，您可以加入公園的晨操活動或者利用空檔學習插花、繪畫、瑜珈⋯⋯等，不論是靜態或動態的活動，都能夠結交到興趣相近的朋友，拓展見聞、增加不同的能力；至於退休的銀髮族們，既可以繼續維持幾十年在職場上的人脈，更可以在退休生活中，開展更多元的人際關係。

　　累積社會人際資源，最大的目的在於善用群體中每個

人的力量互助、互聯，唯有群體的能量愈壯大，在當中的個體才會隨之獲益，唯有網絡中的資源，越豐富多元，才能永續穩定地蓬勃發展，成為一個良性循環共好的社群。在彼此不斷交流互動的過程中，人人都要努力展現才華，成為一個 have something to offer 的有力資源！

　　從現在開始，您可以隨時隨地善用機會累積各種身心資源。慢慢地，您會發現很多以前覺得平淡的事，好像都開始變得有趣，生活中也會有越來越多值得興奮期待的活動，等著您的參與。

> 用正向的眼光，看見人際關係中的友好連結；
> 用幸福的關係感，開啟人生的正向視野！

〔八〕跨欄模組

　　人類是一種依賴慣性生活的動物，有著喜歡安逸、不想要改變的天性（惰性）。基於節能生存的生理機制，想要維持現狀，待在自己的舒適圈，用最不費力的節奏過日子，每天走一樣的路，連想都不用想，啟動習慣模式，自動走完 24 小時，循環 365 天。

這樣的日子很舒服，不需要動腦、花心思；但安逸的結果，會讓我們失去成長的動力與進步的機會，漸漸弱化我們的競爭力。

然而，當我們想要擴大舒適圈，突破過去的極限時，卻又常常會遭遇困難。在達成目標的過程中，使用既有的方法、策略，都無法突破，無法解決問題的狀態，稱之為「逆境」。這種陷入膠著的頭痛時刻，相信不管什麼身分、角色的您，在生活中或多或少都曾遇過。而面對逆境的有效因應，是一個人得以成長的關鍵。

因此，怎麼讓自己調整心境，在面對困難挑戰時，不會直接舉白旗放棄，底下的幾個**思維技巧**，希望可以幫助大家在未來都能無畏面對逆境，勇敢跨越舒適圈。

1. 改變態度

如本段一開始所說，「逆境」是人人都避之惟恐不及的狀況。多數的人會選擇逃避，不願意面對。此時的您，若是選擇另一種思維：願意堅持、嘗試突破。那麼在第一關，您就已經贏過大多數的人，成為勝利方的成員。從這個思維角度來解讀人生的逆境，就不會把「它」當成敵人敬而遠之，反而會覺得它是幫助您淘汰掉一大部分競爭對手的「好朋友」！

2. 提升自我能力

　　「逆境」這個好朋友，除了設立門檻，一開始就讓心智能力軟弱的人望而卻步，直接淘汰之外，還會繼續用嚴苛的態度、用挫折磨練我們，不斷地 push 著我們向前邁開腳步。還記得前面章節中所說明的「負荷與適應」概念嗎？人類身體與心智能力的提昇，主要來自承受負荷之後所產生的適應結果。逆境，對我們的身、心都會造成極大的負荷，適度的負荷能夠增強我們的能力。如同肌力的訓練一樣，在既有能力之上，多負重一點點，感覺吃力但還能做到的程度，最能彰顯訓練的成效。想要堅持突破逆境的念頭，就是一種情緒的負荷。當我們可以運用方法，改變念頭來轉換心情，就是逆境負荷下的心智適應結果。這種超負荷挑戰的過程中，又會有一部分的人，因為無法堅持而放棄，又會再淘汰掉更多對手（我們的勝率又增加了）。撐到最後的您，克服了無數次的矛盾與掙扎，試過了無數種方法，即使沒有在第一時間找到立竿見影的答案，也會因為有了奮鬥過程的種種累積，無形中大大提升了解決問題的能力、與人溝通協調的能力、面對挫折的容忍力……等等，甚至可能也會因此而建立一些未來可以倚重的人脈關係，累積人生存款。

3. 經驗累積、持續進化

　　一旦有了克服逆境的成功經驗，會提昇您對克服逆境的效能感，不但會減少您對未知挑戰的恐懼，當下次困境來臨時，也會變得更有方向、更有效率地找到解決的方法，即使遭遇挫敗，也會讓您對於最終能夠解決問題充滿信心，培養出恆毅力。而且每一次的突破，都是一次進化，能力與信心也會隨之提升。慢慢地，許多對別人而言，可能是難以克服的挫折困境，對您來說，已經成為易如反掌的小事了。

　　無懼「逆境」的挑戰，不但可以讓您能力躍進，更會讓您成為屢創高峰，擁抱困難的稀有動物。

4. 用自我對話轉念

　　自我對話，簡單來說就是自己對自己說話，不管是說出聲音還是在心裡說，都會對我們產生影響。正向的自我對話是樂觀理性，並且合乎邏輯的，會把問題視為挑戰或機會，把成功歸因於是「可複製的內部因素」（例如：自身的努力），將失敗歸咎於「可克服的因素」（例如：需要更充裕的準備），懂得善用最微量的過程導向思考。因此，正向的自我對話可以增強自信心、讓您專注於手中

的任務、激勵您推進自我的極限。相反地，負向的自我對話不僅消極悲觀，也不符合邏輯，會把問題視爲需要被消除的威脅，把成功歸因於是「不可複製的外部因素」，將失敗歸因於「不可克服的因素」。因此，會降低自信心、讓注意力分散、專注於過去或未來、廣大的結果導向思考、讓您更感受壓力、減弱表現、促使您輕易放棄。

要如何使用正向自我對話，這裡提出二個方法供您參考。

首先，是全神貫注於您**可以控制的事情**上，讓自己的情緒及行爲維持積極性與建設性。例如：一位在緊急開刀房的醫師面對必須在有限時間內與死神拔河，這個時候，如果他的心中出現的是「手術如果沒有成功，這位傷患的生命將從我手中結束」，這位醫師很可能因此焦慮不安而影響應有的手術表現。相反地，如果這位醫師心中想的是「這個手術我已經做過無數次了，流程早已滾瓜爛熟，照著流程做就可以順利完成手術了」，把注意力聚焦在「照著流程」這個他可控制的事情上，他的情緒會比較穩定冷靜、有自信，自然可以提高順利完成手術的機率了。

再來是**聚焦於過程目標**的自我對話。許多過程性目標

也是當事人可以控制的目標，因此只要努力，就能提高達標的機率。如果將過程性目標切割成很細的微目標，就更有機會在短暫的努力後完成。當我們檢視成功零件，看見離目標的距離變小了，會增加對自己的信心，知道自己已經一點一滴在突破自我、突破困境了，利用增加成功經驗來提高信心，讓自己願意持續投入、付出努力，最終實現渴望的結果目標。

〔九〕遷移模組

我在馬里蘭大學攻讀博士期間，曾經受聘擔任過美國軍方的研究人員。這不僅是一段非常特別的人生經歷，也讓我思考與看見「遷移能力」的重要性。

1. 運動科學 v.s 狙擊手的關係

起初，我也覺得有些納悶，為什麼軍方找的不是國際情勢、戰略分析……等，感覺比較直接與軍事有關的領域？反而是找一個看起來不大相關的運動科學？

實際參與計畫之後才發現，競技運動員需要在賽場上，將平時練習的成果完美呈現，與狙擊手在勤務時，需要毫不猶豫扣下板機，展現精準射擊訓練的成果。這種

完美展現動作技能，在高壓之下，仍要維持巔峰表現的目標，對於二者來說，幾乎是完全一致的。因此，藉助當時運動科學在這一個議題中，已累積的知識與技術，就能馬上直接應用在軍方狙擊手抗壓的研究與訓練！

這就是遷移能力中，很重要的關鍵要素：找出更上一層的共同原理、原則。

以上面的例子來說：從運動員追求「運動表現」的層次，往上一層看見與狙擊手追求精準表現，兩者在展現極致「動作技能表現」的目標層次上是一致的，因此可以借鏡彼此。運用這個能力遷移的思維邏輯，我們可以再往上推知，在運動科學研究中，能幫助選手在壓力下仍有好表現的方法，只要稍做調整，就可以遷移應用到任何需要在高壓之下，展現最佳狀態表現的族群上。（例如：高階主管、頂尖業務員、演說家、警察、消防人員……等等）

學會看到更上階的共同概念、原理，不僅能夠幫助我們打破許多刻板的框架，也會因為站在更高階的位置，而可以看到更多的資源、開啟更多條通往羅馬的道路！

我們可以用最簡單的方式，將「遷移能力」理解為一種：「能將在 A 情境中所學習到的東西，應用到 A 以外情境」的能力（Ormrod, 2004）。例如：可以將在學校所學

到的知識，應用到生活中；可以將過去職場中所學到的技能，應用在新的行業發展上。

要領就是當可以看出在 A 情境中越多的「共通性原理原則」，那麼可以往外拓展應用的情境就會越多。

2. 想要學會遷移能力，可以結合廣角鏡模組來練習

假設現在的情境，有 A、B 二位退役的籃球國手，同時去一家科技公司應徵工作，當得知主要的工作內容是「開發員工運動與健康教育訓練的手機應用程式」時，兩人的各別反應：

A：認為自己過去的時間都花在籃球訓練上，完全不曾接觸過手機 APP 開發的技術，除了籃球之外，對於其他的運動與健康知識也都十分陌生，更不用說要規劃全體員工的教育訓練課程，這份工作的種種要求完全不適合他，覺得自己根本無法勝任。

B：認為籃球本身就是一個需要團隊溝通、相互合作的運動，在選手生涯中也有領導帶隊的經驗，國手的身分與經歷，不僅是運動能力的展現，更代表自己身、心各方面的條件應該都很不錯，雖然跨越了不同的領

域，但就如同籃球訓練新技術時，每個動作都從陌生開始，新工作的挑戰也一定會漸入佳境，越來越熟悉。因此，要規劃進行內部員工的教育訓練，應該沒有問題。至於開發手機 APP，技術上可以尋求專業的研發人員，自己則可以結合過去在籃球訓練與比賽中的經驗，與運動健康的相關專業背景提供想法，偕同開發出適用的 APP 工具。

　　上述的例子中，相似背景的兩個人，面對全新的挑戰時，有著完全不同的解讀，選手 A 單純只看事件的表面，沒有發現其中的關聯，因而直接選擇放棄。反之，B 選手用著廣角鏡的思維，看見自己過去經驗的價值，也懂得連結事件背後的共通原理，勇敢接受全新任務的挑戰，展現了更重要的「非特定」遷移能力！不但拆解出基本的核心原理（籃球訓練與企業員工訓練的本質相似，都是以增加團隊凝聚力、提高績效為主要訴求），更能從中選擇合適的組件重新建構因應問題的模型（雖然競技運動與企業營運的專業要求不同，但從陌生到熟稔的過程，都需要透過反覆練習、檢討、修正，只要把握這個準則，積極嘗試便有機會可以成功）。就是經由這樣的思維拆解、遷移重組，幫助自己能更有信心踏出既有的舒適安逸，

向外拓展能力圈。這種學習態度、思考方法…等更抽象進階觀念的遷移，會大大增加遷移學習的成效，還能提高動機。當我們學會不再只是將注意力放在事物的表象時，往更深層思路探究的結果，會幫助我們看見萬事間的關聯性，體驗「人生沒有無用經驗」的道理，領悟每個經歷都會讓我們「得到」或「學到」的智慧，當具備「Less data more insight」的能力時，對於挑戰來臨時，便可以用更樂觀的態度從容以對。

〔十〕正向循環模組

多年前曾在西雅圖國際機場看過一個十分特別的展示：一座可以實際運轉的蒸汽火車頭，藉著刻意透明的車體設計，向世人展現其內部精細縝密的機械結構，並讓路過的民眾可以按下啟動鍵，看到經由輪軸、履帶、各零組件之間相互協力、傳動，所產生的連鎖效應，直到蒸汽熱能成功傳輸帶動車輪滾動。

駐足欣賞這個機械科普教育的展示品，讓我不禁思考，這個看得見的物理動力原理，和人類行為的許多模式如出一轍。

如果能找到關鍵的啟動按鈕，就能一層一層推進目

標；如果在過程中能找出最佳的組件配置，讓每個小零件都發揮出最大的功能，環環相扣加成作用後的結果，往往也讓人驚艷。

人類行為很大部分就是循著「牽一髮而動全身」的運行邏輯，每個行為舉動都會帶來對應的結果，每個結果之後，又會引發另一個選擇，再影響下一個結果。如同滾雪球般的連鎖效應，產生想像不到的能量。就像我們很難想像一輛龐大火車的啟動，是源自於小小齒輪的轉動一樣（行為動機＝啟動鍵、行為方法＝機械配置、行為目標＝啟動火車）。

如果用這個簡單的類比，來理解人類行為塑造的過程，可以看到關鍵的要點有三個：找出啟動的關鍵、配置有效運轉組合、慣性驅動、不斷運行。

在書中的第一個章節裡，我們就提到建置神經迴路、自動化……等相關概念，在這裡我們可以想成，面對每個外在刺激所產生的反應，我們的腦中就會生成一個齒輪，當刺激－反應的次數越多次，齒輪就會變得越大或是連結得越緊密。值得注意的是，不論行為反應的好、壞，都會新增一個齒輪，所以我們必須**清楚目標**，將齒**輪及時定位**在正確的方向，如此才能節省不必要的路

徑，做最有效的運轉。在啟動一段時間之後，更加細看齒輪之間的作用，會發現彼此產生了強烈的連動關係，好像有一股慣性維持著動力，甚至感覺不需要再施以外力，就能持續維持轉動（達到自動化的效果）。

回到蒸汽火車的故事，複雜的動能轉換與機械設備，是偉大的科學與工藝，經過無數次實驗的結果，才能打造出最完美的動力藍圖。人類行為是更加細微繁複的組成，還涵蓋著許多個體差異，然而細分拆解後，可以發現兩者都是由極小的分子去構建而成的，本書的終極目標就在於：希望能夠透過將心理技能模組化的方法，幫助大家搭建起大腦中最好的分子藍圖，並能透過模組間的相輔作用，達到成功的慣性，啟動良性循環！

這張成功的大腦藍圖，要能夠順利建置的**關鍵**要領，可參考「放大鏡模組」中提到的**微目標**設定並配合放大進步、增加信心與成就感的策略。以一個門檻較低的任務為目標，完成之後，能夠馬上增加自信、產生效能感、提升動力，更可以增加整體目標的成功率。假設現在同時有兩個人，都以爬上 101 大樓為目標，其中一個人，決定頭也不回要一口氣爬完，絕不休息；另一個人則是每爬上一層樓，都給自己幾秒鐘調整呼吸、步伐，並回頭

看著自己踏過的台階，感受自己一直往上增加的高度。您覺得，誰順利爬上 101 大樓的機率會比較高呢？用這個非常具象的例子，希望能讓您理解，我們人生中要完成的理想，就如同不斷登高的挑戰，有些目標得花上數月、甚至數年才能實現。在奮鬥的途中，如果沒有設定中途休息站，適時地激勵自己，我們的精力很快就會耗竭。因此，必須在每個微目標達成時，小小地犒賞一下自己（一頓美食、一場音樂會、一趟小旅行，甚至可能只是一場三五好友的聚會），只要是能讓您身、心舒展的方法，都應該放入成功計畫中，讓每個微目標之間，都有令人期待的充電站，幫助我們蓄滿能量，繼續前行。

第 三 章

模組系統的
實際應用

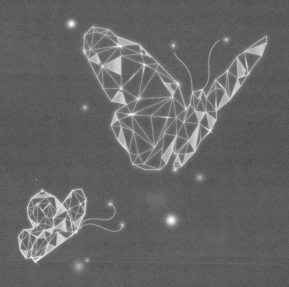

在這個章節中，我將以十個「分子化通用心理技能模組」來舉例說明，並提出具體可用的操作方法，以幫助幾個不同角色在生活與工作場域中，能實際解決所面對的問題。

一　運動場上：選手／教練

1. 選手篇

許多運動員，即使身體條件良好，仍可能因進入高原期一段時間而感到難以突破瓶頸，進而陷入低潮並開始懷疑自己的運動潛力和前途。這種矛盾的心態不僅會降低訓練的動力和品質，更會對比賽成績產生不良的影響。這樣的結果，會更加印證他們無法突破的信念，形成一個負向循環，最終可能選擇放棄，結束運動生涯。一個深具潛力的明日之星，卻因為缺乏建設性的心態，無法克服一時的低潮而導致這樣的結果，實在非常可惜！透過分子化通用心理技能模組的應用，運動員可以學會如何將失敗轉化為成長的機會，從而提高自我效能感和動機，建立起積極的思維模式，累積逆境處理的能力，提高訓練的效果和表現，形成正向循環。

◆ 困境：無法突破瓶頸，開始懷疑自己。

◆ 模組應用（建議可以使用的主要模組）：正向注意力模組、放大鏡模組、廣角鏡模組、跨欄模組、正向循環模組。

正向注意力模組：

回顧過去在訓練與比賽中的正向經驗，特別聚焦在自己透過努力所帶來的進步之處。在每次訓練中，將注意力聚焦在當下可以控制的事物之上，例如：自身的努力程度、專注力的分配。並結合下列幾個模組，以增加每次訓練與比賽的效能感。

放大鏡模組：

看見自己每天的小小進展。例如：平均跑速快了 0.1 秒、重訓次數多了 0.5 組、完成訓練課表的時間提早 2 分鐘、戰術的應用又更熟練了一些，甚至是教練一個肯定的眼神。應用放大鏡重新檢視過程中的細節，就會看見自己不斷地向前進步，雖然可能只是小小的一步，但每一小步都讓自己越來越靠近目標。看到這些累積與進展，就會越來越有動力，越來越相信自己可以做到！

廣角鏡模組：

除了運動訓練，還有許多因素會影響運動成績的進步。像是保持生活作息的規律和紀律、均衡的營養攝取和適當的恢復，以及對專項運動學問的深入了解，例如：人體生理、心理、運動生物力學和運動表現分析……等。這些因素都可以提高訓練效率和比賽成績。因此，想要提高運動表現，除了全心投入訓練之外，還需要更廣角地去接觸其他直接／間接的相關要素，透過全方位的進化，才能創造更多的成功機會。

跨欄模組：

每個成功的舞台上，都伴隨著無數的挫敗與逆境，能夠從逆境中成長的人更顯出卓越。逆境是考驗，讓人覺得沮喪無助。唯有以正確的心態，才能幫助我們從中成長，變得更有韌性、更有智慧！面對逆境時，除了調整態度之外，善用「自我對話」也是提升動力和專注力的重要方法之一。透過反思和對話，可以找到自我的價值和目標，從而增強動力與自信心。

正向循環模組：

行為是一個連續動態的變化過程，要學會自信地面對

逆境，絕對不會只靠單一的方法，需要將前述的模組加以統整應用，才能提高克服逆境的能力。運用正向注意力與放大鏡模組幫助自己看到過去與當下的奮鬥歷程，意識自己的成長和進步，進而產生勇氣與效能感；應用廣角鏡模組找到更多提升能量的著力點；應用跨欄模組建構積極的心態與方法，讓困難逆境變成養分。透過這些模組的整合，不斷增加成功處理逆境的經驗值，變得越挫越勇，成為一個真正充滿信心和勇氣的運動員！

2. 教練篇

常常聽到教練感嘆地分享：「某選手明明擁有不錯的身體素質，只要願意好好鍛練，就有機會在競技場上嶄露頭角。可惜就是不夠用心，講一步做一步，完全不想自己動腦筋」。這類缺乏主動性的選手，不僅在訓練上顯得被動，往往也缺乏自我管理的能力，沒有明確的目標，只是得過且過虛度光陰。這種消極的心態，會讓他們產生錯誤的自我評價，認為自己能力有限。因此，不願意挑戰自己，也缺乏想藉由訓練提升能力的慾望，一旦遇到挫折，容易失去信心，加深自我能力的限制感，無法將潛能發揮出來。

此時，如果教練能運用「分子化通用心理技能模組」，

讓選手感受到訓練的價值和成功的希望，就能夠激勵選手更積極地參與訓練，並主動思考如何改進訓練方法，讓訓練的成果更加顯著。這樣的正向循環，除了提高選手的自信心，更能增加效能感。教練不僅僅是指導者，更是引導者和鼓勵者，啟發選手找到自我激勵的方法，創造雙贏的訓練環境。

◇ 困境：選手愛練不練，態度消極被動。
◇ 模組應用（建議可以使用的主要模組）：驅動模組、正向注意力模組、放大鏡模組、正向循環模組。

驅動模組：

當選手動機不足時，教練可以應用動機三劍客（看見價值、累積成就感、享受樂趣），讓他們學會看見積極訓練所帶來的效果，以及如何對達成目標有所幫助。透過建立這樣的連結關係，幫助選手明白每次的訓練都與目標息息相關，從而看到積極與動腦思考訓練的價值。接下來，搭配放大鏡模組，讓選手能在每次的訓練中感受自己的進步，提高成就感。在此過程中，教練可以將每個運動技術拆解成更細小的成分，協助選手更容易專注於細節的進步。最後，鼓勵選手表現自主與創新性，滿

足基本心理需求，讓選手感受到訓練的掌控權是在自己手中，也能因此更容易享受訓練的樂趣。

正向注意力模組：

身為教練，需要持續協助選手維持動力並朝向目標邁進。學會看見選手的正向表現，是一個非常重要的課題。尤其需要特別聚焦在選手經過努力之後所帶來的進步，不論是在訓練或是比賽場上。其中進步的面向，也不限於專項技術，還可以包含體能、訓練態度、與隊友之間的互動、生活習慣與紀律……等。教練應該注意選手在各個面向上的進步，並且適時公開表揚。這種肯定不僅能夠鼓勵選手繼續保持積極的態度，也能夠讓他們感受被看重，進而激發更大的動力。

放大鏡模組：

身為運動教練，除了傳授技巧和戰術之外，更重要的是激發運動員的動力和潛能。如果可以學會細心觀察選手的微小進步，並及時給予適當的鼓勵，便能開啟教練與選手之間，良好互動的第一步。應用放大鏡模組，可以幫助教練更容易看見選手的微小進步，以過去訓練表現為參照點，哪怕只有一點點的進展，都應該用肯定與

讚美的方式讓選手知道，藉以強化他們的信心與動機。當選手不斷感受成就，透過微小進步轉化成正向能量，將能更深刻認識自我，主動追求更高的目標與成就。

正向循環模組：

應用前述幾個模組，當選手被激起動力而開始較積極地投入訓練之後，教練就要以正向注意力與放大鏡模組的方法，去發掘微小的改變與進展，並對其投入的努力給予及時的支持與肯定，這樣不僅可以跟選手建立起良好的互動關係，也能營造正向的訓練氛圍。當選手知道自己的每一分努力都能受到教練的肯定之後，也會更用心投入訓練，產生更明顯的進步。這些正向的改變，會讓選手更有訓練動力；讓教練更樂意給予回饋讚美，由此進入良性循環，為彼此創造一個滿意且成功的訓練環境！

二 家庭中：考生／家長

1. 考生篇

許多國、高中學生為了考到理想的學校，不只要花費大量的時間學習課業，還得參加各種補習課程，經歷大大小小的考試。如此長時間且高強度的學習與考試，往

往容易讓人產生倦怠感，學生們也可能因為偶爾幾次差強人意的表現，而打擊自信。此時，如果沒有進行適當的心理調適與建設，當學習的信心與動力降低時，就會出現消極負面的學習態度，導致產生更差的成績表現，進入負向的循環狀態。

　　以下，我將舉例說明，如何運用分子化通用心理技能，來幫助準備長期抗戰的考生脫離可能的負向循環，轉而進入正向循環狀態，漸入佳境，最終能在關鍵一試，展現出應有的最佳實力。

◈ 困境：總有考不完的試，不但唸書沒動力，對考試也沒信心。

◈ 模組應用（建議可以使用的主要模組）：魔鏡模組、正向注意力模組、放大鏡模組、驅動模組、跨欄模組、正向循環模組。

魔鏡模組：

　　喜愛自己能夠讓人在面對競爭壓力時，保持冷靜與自信，能調控情緒，不受外在因素影響，不因結果的成敗而動搖對自己獨特性和貢獻價值的信念。唯有真心喜歡自己並接受自己的狀態，才能夠用客觀理性的態度分析

思考自己的優勢與劣勢，找出讓自己精進與成長的方法。

　　結合正向注意力與放大鏡模組的技巧，學習看到自己在各科目學習與考試中，所獲得的新知識、新方法、新的態度。重新檢視自己的能力與價值，找回自尊與價值感！

正向注意力模組：

　　回顧過去在學習與測驗中的正向經驗，特別聚焦在特定的一段時間裡，所學到的新經驗，例如：在過去一週的學習中，有哪些精進之處？這些新知對未來的幫助？過程中自己主動參與的學習有哪些？是否運用了新的學習方法？家人、老師、同學與朋友們，有哪些關心與幫助自己的地方？從中反思每段學習歷程對未來的正向幫助，找出努力的意義與價值。除了回顧之外，在未來的學習與備考過程中，則要將注意力聚焦在自己可以控制的事物上，例如：時間的規劃、進度的安排以及學習方法……等，並且設定各種微目標，再結合底下的幾個模組來增加每次學習與測驗的效能感。

放大鏡模組：

　　在學習的過程中，我們總是容易關注在自己的不足之處，而忽略了成長與進步的地方。如果我們能夠學會看見微小的進展，將能夠為自己帶來更多的動力與自信

心。例如：學會一個新的公式、解決一道數學題目、背了幾個新的單字、閱讀一篇英文小品，雖然這些進展可能很微小，但它們都是自己比昨天更進步的證明。除了檢視學習成果之外，也要看見自己在生活各面向上的小進展。例如：自我激勵、情緒管理、能量調節、作息安排、人際互動……等，只要我們有耐心，願意仔細回想在學習與測驗中的細節過程，應用放大鏡重新檢視自己，就會看見自己的能力不斷地提升，也會知道每個小小的進步，都讓自己越來越靠近目標。因而，越來越有動力，越來越相信自己可以做到！

驅動模組：

善用動機三劍客，看見學習與測驗對自己的價值。可以想想學習讓自己增進了哪些能力？還能透過學習培養哪些技能？可以怎麼應用這些能力，來幫助自己更加了解這個世界、更知道人生方向？更快實現自己的夢想？接著，結合放大鏡與正向注意力模組，逐步完成每日的微目標，提升信心與成就感。最後，運用正向思維探索學習過程中的有趣經驗，享受學習的樂趣。慢慢搭建自己人生的舞台，成為獨一無二的主角，盡情展現才華，吸引觀眾的目光。

跨欄模組：

　　每個人的生命舞台都是獨一無二的，但也同時充滿了競爭。逆境與挫敗不可免，能夠從中成長和獲益的人，才能真正展現出卓越。因此，把學習和考試中所遇到的困難和逆境，當成是將競爭對手抵擋在外的護城河，保護自己在習得的專業城牆裡享受戰果，是致勝的關鍵心態。另外，逆境所帶來的動機與信心壓力，是一個可以讓情緒更加強韌的負荷；學習與考試的逆境，也是讓我們增進能力，提高挫折容忍力的重要機會。此外，透過自我對話的方式，可以幫助我們轉念，提升動力和專注力。配合放大鏡模組的方法，能夠觀察到自己越挫越勇的表現，從而強化自己面對逆境時的效能感。當我們學會改變心態，便能更勇敢、更正向地面對挑戰。

正向循環模組：

　　針對某一行為做出改變，並產生正向循環，是本書中「心理技能模組」的主要目標。例如：要讓一位因為長期準備三年一次大考而失去動力和信心的學生，重新燃起希望和動力。首先要使用魔鏡模組來看見自己存在的獨特性與價值；再應用正向注意力與放大鏡模組，從過去到現在所有努力的經驗中，看到自己的積累與進步；並透

過驅動模組進一步提昇自己的成就感；藉由跨欄模組，以更高的格局來看到所有的困難與逆境，建立效能感與希望感。透過這些模組所建立的動態過程，可以形成一個正向循環，讓每次的努力都能轉化為成長的養分，進一步增強學生的心理力量，使他們能夠在漫長的備考過程中，有源源不絕的動力與希望，擁有越來越好的表現。這種向上攀升的漩渦，不僅能夠幫助學生克服挑戰，更能使他們在未來的生活中，擁有越來越強大的心理素質，成就自己的夢想。

2. 家長篇

　　家中有國、高中學生的家庭，家長往往因為望子成龍、望女成鳳的期望，而表現出極度的焦慮，程度有時甚至高過孩子。為了幫助子女考上理想學校，不僅全力投入資源，讓子女參加各種補習，通常也只特別在意學習的成績表現。在高度放大考試成績重要性的狀況下，家長們通常會把注意力聚焦在不如預期的成績上。看到考卷的當下，即使已經達到高標，考了 90 分，還是會追問被扣掉的 10 分是怎麼錯的？雖然這樣做的本意，是為了幫助孩子釐清錯誤，希望之後可以考得更好。但一味地關注在考不好的科目、做錯的地方，一直提醒孩子要

更努力避免錯誤，可能會造成孩子的負面想法：覺得自己不夠好，甚至產生自卑、焦慮、壓力等情緒。原本出自善意的想法，卻很可能因為用了錯誤的表達方式，反而讓孩子覺得自己能力不足，怎麼努力都無法達到父母的期望，最後產生「習得性無助」失去學習動機，自我放棄的結果。

接下來，透過以下幾個「分子化通用心理技能模組」，來跟您一起努力幫助孩子，當孩子的超級神隊友！

◆ 困境：孩子唸書被動不積極，成績不理想，親子關係不夠密切。
◆ 模組應用（建議可以使用的主要模組）：正向注意力模組、放大鏡模組、廣角鏡模組、吸引力模組、正向循環模組。

正向注意力模組：

看見孩子過去在學習與測驗中的正向表現，特別聚焦在孩子透過努力所帶來的進步之處。進步的面向不限於測驗成績，也包括：學習態度、學習方法創新性、對於新知識的應用廣度、生活作息與紀律、與家人分享學習心得……等。看見孩子所有努力的進步表現，並且加以肯定與鼓勵。

放大鏡模組：

　　除了以正向注意力來發掘孩子的進步之外，更需要使用放大鏡來看見每天的小小進展。依據之前的表現爲參照點，只要孩子有微小的進步，就要具體地把這些進步說出來。透過使用放大鏡的方法，可以更容易地看到孩子各方面的進步，而不會只著眼在缺點和錯誤。這種正向的關注不僅可以幫助孩子建立自信和自尊，家長也會因爲持續地看見孩子的進步，進而獲得信心和安慰，減輕自己的焦慮感。懂得用更多的肯定與讚美，與孩子建立起更好的溝通模式，增進親子關係，營造和諧的家庭氛圍。

廣角鏡模組：

　　結合前面的正向注意力與放大鏡模組，以更寬廣的視角來看待孩子的學習。以「人生所有經驗都有用」的學習格局，幫助孩子連結過往的一切歷程。不管是來自學校、補習班、運動場、圖書館、跟同學的往來、家人的互動、休閒娛樂，甚至是偶爾的放空耍廢。每個經驗都有其價值與意義，只要懂得把這些經驗連結到自己的能量儲備帳戶中，會發現生活中處處都有值得學習的地方，而經由學習後的知識能量，更可以時時應用在生活之中。只要能將一切經驗，都轉化成爲養分，豐富滋養出更多元的能力，孩

子不但可以勇敢無懼未知的挑戰，還能因為更了解自己與環境，而對未來充滿興奮與期待！

吸引力模組：

在長期備考的高壓狀態下，孩子最不需要的就是一直告訴他：哪裡做得還不夠？此時，家長可以提供的最大幫助就是當一個充滿活力能量的啦啦隊，應用前面所學的正向注意力、放大鏡、廣角鏡模組，每天想方設法找出孩子可以被稱讚與肯定的地方。成就感就像一種心靈的腦內啡，會能讓人感到愉悅、上癮，並持續地追求更多的成就。這種感覺會讓孩子更願意付出努力來獲得成就感，並且樂於跟家長分享學習心得和成就。除了給予讚美和肯定之外，家長還可以運用溝通的三明治法：先給予具體的肯定，再提供建設性的建議，最後再給予支持鼓勵。比起直接批評說教，孩子聽到建議時會更有信心，也會更願意接受並付諸行動。透過這樣的方法，不僅可以讓親子關係會更加緊密融洽，孩子的學習也會跟著更有效率、更有動力！

正向循環模組：

應用前述幾個模組，當父母用正向注意力看見子女

的努力，用放大鏡與廣角鏡找出生活各面向的微小進步，不管是多麼微不足道的進展，父母都能很具體地說出並讚美孩子，也會運用先肯定，再給意見的方法。讓每一次的建議都伴隨著鼓勵，用越來越正向的對談，提升與孩子的互動品質！身為父母，從一個養育照顧者，隨著孩子慢慢長大，也應當轉化角色，做他們的啦啦隊和永遠的朋友。藉著不斷進化的親情關係，孩子心中會知道，無論世界再大，都有一個溫暖、強大的家做為後盾，儘管在外面遇到挫折、受到委屈，家門永遠都會為他而開。這樣緊密的親子關係，會讓孩子毫無後顧之憂，安心面對挑戰，勇敢開創自己的人生！

三 職場上：業務員／管理者

1. 業務員篇

業務工作是一項具有高度挑戰性的職務，績效好壞直接影響薪酬，因此得承受巨大的壓力。很多人以為業務就是靠著說話技巧來說服客戶購買產品，其實話術和熟悉產品，只是成功業務的必要條件之一。大部分的職場訓練，也會將這些顯性行為能力做為業務人員的主要培

訓內容。然而我們卻發現，通過培訓後的眾多業務，並非每個人都能成功，業務貢獻的績效表上，也總是符合80／20法則。爲什麼同樣在學習業務工作的特定技能後，前20%的人，可以創造出其他80%業務人員的16倍業績呢？爲什麼會有許多業務，在進入職場一段時間後就耗損掉了？研究告訴我們，光學會工作所需的特定能力是不夠的。它們能否成功地被應用，還需要其它能力的輔助，特別是遭遇困難挫折時。有助於提升工作績效的行爲背後，需要一套有效的心理調適系統，包含：韌性、復原力、心理彈性、挫折容忍力、富創意……等，更需要具備讓別人喜歡、與他人互信合作、人際關係處理能力……等通用心理技能軟實力，再與職場中的顯性技能相互搭配，才能夠培養出一個專業、熱情、自信、有溫度，能將業務做到多贏局面，將目標發揮到淋漓盡致的人才。

◈ 困境：長期擔憂業績、面對推展不順之逆境。

◈ 模組應用（建議可以使用的主要模組）：魔鏡模組、正向注意力模組、放大鏡模組、吸引力模組、吸星大法模組、跨欄模組、正向循環模組。

魔鏡模組：

　　長期處在高壓的環境下工作，要讓自己能堅持並從每次的經驗中成長，逐步進化成為一個適應良好的超級業務，第一個必備的心理技能就是：接受自己──清楚知道自己的優、缺點，並不斷地學習成長。面對不足時，擁有勇氣和開放的心態，接受他人的批評指教；在自己擅長之處，能積極展現優勢，提高工作效率和表現，幫助事業與人生的推展。同時，也要明白工作成果並不是衡量自身價值的唯一標準，相信獨一無二的自己，能為社會帶來貢獻。展現熱情，學習並掌握新的知識與技能，以因應不斷變化的環境和市場。融合其他的模組技巧，以觸類旁通的方式，讓自己的工作能力不斷進化，最終達到游刃有餘的境界。

正向注意力模組：

　　每次的工作經驗都蘊含著可以幫助我們學習成長的養分，因此，需要時常回顧。尤其是要聚焦在一段時間裡，所學到的工作技能和要領。例如：在過去的一個月裡，所有跟業務相關的互動中，學習到什麼？這些成長，是自己主動學習？還是跟同事朋友共同討論出來的？透過回顧與反思，可以更清楚了解自己的優點與

不足，藉以增加專業能力，在未來的工作中發揮效益。除了這些回顧之外，也可以在接下來的計畫中聚焦在自己可控制的事物上，例如行前準備：包括更熟悉客戶需求、對產品有更多面向的了解與應用、見面的流程與預演……等，把注意力放在能更充分做好準備的面向上，自然能讓我們一次比一次做得更好！

放大鏡模組：

看見每天在工作上的小小進展。談成一件 case 這種大進展，基本上人人都看得見，因此不需要使用放大鏡模組。放大鏡是用在很細微的進展上，例如：為了確保品質，主動了解產品的製造流程、利用零碎時間閱讀消費者心理學的相關報導……等等，這些進步成長，與完成一件金額龐大的業務交易相比，看似微不足道，但就是因為能夠從日常中看到自己在這些「小事情」上有所進展，才能有動力持續不斷去累積最後完成大交易能力的資本。配合後面的吸星大法模組與跨欄模組，把放大鏡視角用在更多面向上，例如：應用放大鏡看見自己在自我激勵、情緒調節、能量調節、體能強化、作息安排、人際互動……等面向上的小累積或小進展，不斷拓展能量的廣度與深度，讓自己成為一位全方位的業務菁英。

吸引力模組：

人際互動是業務工作中不可或缺的一環。因此，能否與客戶建立良好的關係，贏得喜愛與信任，是影響業務推展的關鍵要素之一。善用吸引力模組的方法——讓別人喜歡您。善用同理心體諒並感受他人的痛苦與需求；找出他人正向的行為，並使用善意的互動，滿足基本心理需求，讓對方感到開心；懂得當個讚美高手，增加人際互動時彼此的幸福感與成就感。多利用這些小技巧，會幫助您成為一個處處受歡迎的人，並為業務推展帶來更好的成果。另一個可以提升自身價值的方法：讓人們覺得您具有多元的價值。不論是您的個性為人、專業服務、合乎需求的產品……等各方面都能為客戶帶來實質的幫助，這樣的價值會幫助您更具競爭力，與客戶的關係更緊密。這種友誼式的合作關係，不光只是在做生意，更是在建立人脈，共同創造多贏。是業務特定技能之外，非常重要的軟實力！

吸星大法模組：

想在事業中取得成功，單純的工作特定技能是不夠的。還需要許多面向的能力和資源，才能建立起成功事業的高塔。其中，藉由規律運動來培養強韌的體能，就

是高壓工作族群在長期壓力中存活的關鍵要素。能夠把握日常生活中零碎的時間進行體能強化，就是一種隨時隨地從環境中吸取養分的方法。同樣的道理，善用獨處時間，隨時隨地進行腦力加工，透過回顧與思考，找出過去經驗中對自己有益的訊息，從慢慢領悟以致頓悟。接著可以把握任何與人互動的機會，拓展社交圈，透過建立新的友誼、鞏固既有的人際關係、加強交流的深度，可以進一步增加自己的人脈，也有助於找到志同道合的夥伴。在競爭激烈的業務市場中，良好的人際關係就是一個成功的利器。學會善用吸星大法，讓自己隨時隨地保持儲能狀態，展現自信迎接未來的挑戰！

跨欄模組：

在高壓力的環境下，人很容易被淘汰出局。無論是造成身、心上的疾病，或是因為痛苦而轉換跑道。為了能夠在高壓的環境中生存，我們可以結合吸星大法模組的身體資源強化策略，鍛鍊體能、以運動抒解壓力，甚或採取中、高強度運動來強化身體韌性，有效幫助業務人員在高壓環境下，還能持續奮鬥向上。然而，高壓環境也可能是一種推力，迫使將能力往當下的極限去突破，就如本書前言中所說明的，壓力負荷之後就是對壓力的

適應，這些適應可能展現在更強的身體忍受力、情緒調控能力以及認知調整能力，有助於業務人員在面對挑戰或失敗時，持續保有積極的心態，強化逆境成長力！

正向循環模組：

越是高壓環境，越需要看見成功的希望，才能讓人願意繼續走下去。因此，應用魔鏡模組肯定自己的獨特性與存在價值；運用正向注意力、放大鏡、吸星大法模組，來讓自己隨時隨地都能從互動環境中汲取養分，感受自己越來越強大，越來越有效能；應用跨欄模組以更具建設性的心態來看待每個逆境，在每次與客戶的互動中看見成長，看見自己越來越接近目標，產生動力讓希望感、效能感逐步加溫，形成一步步邁向成功目標的正向循環。

2. 管理者篇

身處在公司組織中間的管理階層，往往面臨著巨大的壓力。需要滿足上司對部門高績效的要求，同時也要處理部屬積極性不足、敷衍了事、缺乏團隊意識……等問題。夾在上下兩方中間的為難，壓力之大可想而知。如果因為壓力大而常常跟部屬發脾氣，只會離部屬的心更

遠，加深溝通難度；部門內欠缺溝通與凝聚力，致使無法達成業績目標，如此的惡性循環絕非主管所樂見。想要避免進入這種困境，只要應用底下幾個心理技能模組，相信可以有機會扭轉局勢與氣氛。管理者只要把人放對地方，接著當好「啦啦隊」與「聖誕老公公」的角色，當部屬展現進步，就及時給予精神的鼓勵；只要業績有提昇，就給予適當的獎賞回饋，這些肯定與獎勵，讓部屬感受到賦權與肯定，將可以慢慢帶領組織成為一個高度凝聚力與業績良好的團隊。

◆ 困境：面對上有部門績效要求、下有不夠積極與團結部屬的窘境。
◆ 模組應用（建議可以使用的主要模組）：正向注意力模組、放大鏡模組、吸引力模組、正向循環模組。

正向注意力模組：

　　管理者需要學習看見團隊成員的優勢與專長，將他們安排在最合適的職務上，並留下自由發揮的舞台。接著使用正向的視角，注意成員的所有努力，不管是否帶來明顯的績效，只要展現積極態度、擁有強烈的企圖心，就要看見並且給予激勵肯定。

放大鏡模組：

　　除了以正向注意力來看見成員所有的積極發展之外，更需要使用放大鏡來看見任何的微小進展。哪怕是真的微不足道，管理者都要學會看得到。例如：成員主動開會討論業務狀況、分享產品應用範圍。這些討論雖然不像出門拜訪客戶一樣，看起來沒辦法直接帶來業績的成長。但成員間願意彼此合作，展現積極態度，就是一種進展。此時若能給予正向的鼓勵，相信會讓更多的成員願意花時間參與團隊的分享，共享彼此的智慧與經驗。在共同解決問題，同步成長的氛圍下，組織的凝聚力與認同感會隨之提升，後續的業績成長也就指日可待。因此，管理者如果可以常常使用放大鏡，學習看見團隊值得肯定的微小進展，知道大家正積極地為提升業績而努力，自己也會減輕焦慮；相對地，團隊的成員們，也會因為所付出的過程被看見，而更願意為達成目標盡心盡力。

吸引力模組：

　　在善用正向注意力與放大鏡模組之後，此時的管理者，應該已經減低了一些焦慮，而且會對所領導的團隊更具信心。接著，可以好好展現自己對於團隊經營的企

圖心。當需要給予意見時，除了以「三明治溝通技巧」提供想法之外，建議可以做一個稱職的啦啦隊長，每天都可以想想有哪些小進展可以表揚？有哪些團隊成績或個人表現可以被肯定？成員們的努力在哪些地方又更靠近目標了？這些正向的眼光和語言，會讓所有互動的人都感受到愉悅與滿滿的正能量，讓管理者更受到大家的敬愛與仰慕，一步步帶領團隊創造成功高峰經驗。

正向循環模組：

應用前述幾個模組，當管理者用正向注意力來看待團隊成員的優勢與正向發展，會發現團隊蘊藏著無限潛能，再應用放大鏡來找出成員每天在工作上各層面的微小進步，會更感受到團隊努力的能量，而這一切正向的訊息，透過吸引力模組的溝通模式給予回饋，能讓成員的優勢與專長，一直不斷地被發掘與發展。當成員知道自己被關注、被重視與肯定時，也就更能感受管理者的正向與領導能力，因而願意提高自己的動力和熱情，為團隊付出更多的努力。

這一切改變可以提高所有成員的自我價值和成就感，帶來更多的專業、更密切的合作、更高的凝聚力、更優越的表現，建立起一個高滿意度、高效能的績優團隊！

第 四 章

從「知」到「行」的正向循環

一　練習啟動新行為循環

　　啟動並持續改變，是本書最希望能帶給讀者們的收穫！從科學的角度剖析知難行易的根本原因、了解為什麼人們總是虎頭蛇尾、總是喜歡待在舒適安逸的圈子裡，知道為什麼好習慣很難養成，壞習慣很難戒斷。

　　改變的第一步驟，永遠是「知道」。因為認知的觸動，激發改變的念頭，想讓自己變得更好、想受到他人的喜愛與尊重，永遠是人們心中所深深渴望的。如果把人生旅程想像成大富翁遊戲的地圖，會看見多數的人都站在起點，知道應該勇敢擲出骰子，才有向前邁進的機會。但只要想到前方不知道會有什麼狀況？就開始變得躊躇不前，更遑論要伸手翻開未知的命運／機會牌。想著：「待在起點很好，看看身邊有好多人一起，感覺也沒有什麼不好。」然後，卻又忍不住羨慕看著出發的人們，慢慢買了地、蓋了樓房，繞了一圈又一圈。知道，並不能真正帶來改變，腦中有再多的計畫想法，沒有付諸行動，都只是空談。人生最大的遺憾不是失敗，而是沒有去做。

　　人生，比起大富翁遊戲要複雜太多了！旅程中也不僅只是反覆的迴圈，不同的階段，有各種的挑戰與壓力，極少數人能夠平步青雲、一帆風順。既然面對逆境、克

服挫折是我們的必修課，擁有優異的心理技能，就是您關鍵致勝的祕密武器。透過書中「十大心理技能模組」的訓練，您可以從知道開始做到，持續做到，漸漸成為人生勝利組的成員。

　　從現在開始，建議您可以把這本書當作隨身的小工具，只要有五分鐘的空檔就可以翻閱下方整理的小 tips，隨時提醒自己，慢慢變成一種思考習慣，漸漸進入自動化的正向循環。

正向注意力模組：

　　善用正向的眼光看待事物，可以讓我們更懂得感激身邊的一切，改變視角，會讓我們的生活變得更快樂、更富足。學習找出每個事件的價值，即便一個看似失敗的結果，也可以從中得到養分。「塞翁失馬、焉知非福」。透過犯錯、試錯的過程，發現盲點、體認自身的不足與欠缺，這些經驗都能幫助我們在未來做出更好的決策。運用正向的思維與視角，轉換積極的能量，從生活經驗中，找到自己的效能感與自主性，增加信心與動力。當我們把注意力放在美好的事物時，自然會比較容易感到快樂和滿足，幸福的能量會幫助我們更有耐心、更寬容，也會對未來抱持比較樂觀開放的態度，吸引同樣擁

有正能量的人群，共創正向的連鎖反應，為自己和他人帶來高質量的生活品質：

「**尋找價值**」：從日常生活的經驗中，找到自己的價值，看見持續的進步與成長。

「**增加效能感**」：重新檢視身邊所經歷的一切事物，找到由自己啟動的正向改變，建立自信心。

「**找出自主性**」：利基於思考與勇於負責之上的自主行動，可以增加成功的機會，幫助建立正向思維與信心。

「**歸屬關係感**」：常常感受被愛與尊重接納，可以激發正向的情緒與想法。

放大鏡模組：

自信心與成就感是我們每天維持前進的重要動力！在這個充滿競爭壓力的環境中，如果看不到努力的成果，很快會讓人覺得沮喪失落，失去繼續向前的動力，覺得自己只是在白費力氣。以最常見「學習新語言」的例子來說，當我們開始學習一種新的語言，花了幾個月認真上課之後，可能還是無法完整流利地進行口語對話，還是無法通過托福考試。此時，多數的人可能會覺得花了那麼多時間，卻沒有達成預定的目標，努力根本沒用，所以選擇放棄。如果我們懂得善用「放大鏡模組」，就會

看見在投入學習的這段時間裡，每天持續背了三個單字跟一個新的片語，也增加了許多對句子的理解與應用能力。透過放大鏡的檢視，就會看見即使每天的進度只有一點點，但是累積的能力，已經一步步朝目標更加靠近了。透過看見這些微不足道的進展，不僅能讓我們更加珍惜自己的努力，當意識到自己的能力不斷提升時，也會更有自信心。如此一來，即使往後遇到困境挫折，也能更勇敢堅定地面對挑戰，往目標邁進。

廣角鏡模組：

生活在資訊快速流通，科技日新月異的現代社會中，我們已經很難只憑在單一領域發展，就能成為出類拔萃的頂尖人才。想要成為更有價值、更具競爭力的一流菁英，就必須多方擴展自己的經驗和能力。使用「廣角鏡模組」能幫助我們不只看見眼前的事物，更能用寬闊的視角去連結人生旅途中的種種經驗，拓展思維看見更多的可能。

回首過去，我們或許曾經走過一段看似毫不相關的道路，做過一些看似平凡無奇的工作。但是，這些經驗在我們人生旅途中都扮演著非常重要的角色。當我們使用廣角鏡模組的觀念去連結這些經歷，將它們串接在一起時，就能夠發現其中的關聯和價值；每一個看似微不足道

的足跡，其實都可以成為我們日後的助力和寶貴的資產。

透過廣角鏡不僅能幫助我們從過去的經驗中汲取力量和智慧，擴大我們的思維與視野之外，還能幫助我們用更包容、更開放的態度去看待在不同領域中所結識的夥伴，珍惜每一個互動的緣分，創造機會與成就，建立更穩健的人際網絡關係。

當我們從多元且寬廣的角度看待人生，審視和整合過去的經驗和能力時，就會發現自己的潛力和價值所在，進而更有信心地去追求自己的理想和目標，實現快樂充實且多采多姿的人生！

驅動模組：

全球年紀最大的米其林三星主廚小野二郎，被日本人稱為「職人中的職人」，九旬高齡的他，數十年如一日，以自律嚴謹的態度和對工作的熱情，持續追求卓越。在「壽司之神」的故事裡，完全展現了動機三劍客的重要性。

從每日的食材挑選開始，小野二郎完全享受著對料理的熱愛，製作壽司的每個瞬間，每粒米飯的溫度、每片生魚的紋路，他都細細去感受其中的美妙與樂趣，一步步累積經驗，打造獨一無二的風格與經典佳餚，讓饕客不遠千里只為能親身體驗匠心美味，這樣的肯定與成

就，促使他不斷鞭策自己往更高的目標邁進，創造享譽國際的名聲，吸引來自世界各地的粉絲與客人。除了享受樂趣與累積成就感之外，小野二郎也非常明確地知道這份工作對於人們的價值，除了盡力提供近乎完美的菜餚之外，他更明白美味的食物，還承載了文化與傳統，因此，在不斷精進技藝之外，更致力於推廣日本的壽司文化，希望可以傳承給更多的人，讓自己的工作更有價值與意義！

一個約莫掌心大小的壽司，因為有著無限驅動的力量，而能在料理界創造出非凡的傳奇。

在追求成功的人生旅途中，會有許多挫折與困境讓我們感到沮喪與無助，此時，您必須要學會看見價值：理解現在的每一分努力，都在為成功奠基，都會讓自己與夢想更加靠近；在過程中，也要記得時時回顧自己所達成的小目標，記下每個進展累積成就感，讓自己更有信心，更能享受樂趣，一步步找到自己的驅動程式，創造屬於自己的成功故事。

魔鏡模組：

擁有高自尊的人，會像童話故事裡的魔鏡一樣，能夠看清楚自己與他人的差異，願意真正接受自己、了解自

己、探索自己，並且會漸漸地越來越喜歡自己。他們能夠找到自己的優勢與專長，展現才能，建立自信，清楚地知道自己的價值與存在的意義。相信自己是最好、最優秀的，不需要外界的認可，也不會盲目依賴他人，因此，會對生活充滿熱情與動力。找到自我存在的核心價值，是造就成功的重要關鍵。

然而，要擁有高自尊並不是一件容易的事情。許多人會因為自卑、害怕失敗……等原因，而失去自信否定自己。這時，透過「正向的自我陳述」和「看見進展」兩種方法，可以幫助我們建立積極的自我形象，慢慢開始喜歡自己。當我們開始試著對自己多放一點正向的關注時，就會發現無論是在體能、心智、人際溝通……等方面，我們時時刻刻都在展現能力。您可以每天花些時間反思並寫下自己的進展與成就，透過記錄與回顧，會更清楚看見自己具有很多面向的能力，這些進步不論有多細微，都要給自己肯定鼓勵，而且必須仔細觀察：可能是一個小小的習慣改變，可能是與朋友的互動感覺更融洽一些，甚至只是一個念頭的轉變，都是能力進步的證明。如此，循序漸進建立一個積極的自我形象，慢慢就會看見有能力、有價值的自己，這些正向能量也會成為信心的根源，讓您更加喜歡自己，更有自信成就自己，

幫助您一步步迎向更美好的人生！

吸引力模組：

　　人際關係的經營是影響成功與否的重要關鍵之一，身為社會性動物的我們，一切生活、工作、學習都離不開與他人交往互動。一個人能否建立良好的人際關係，對事業和生活有著深遠的影響。在職場上，人際關係的好壞，直接影響到一個人的未來發展。和諧的人際關係可以促進團隊凝聚力，提高工作效率，甚至會影響到能否獲得更好的升遷機會、得到重要的推薦……等等；社交場合中，愉快的人際互動經驗也能給人留下深刻的印象，增加拓展人脈網絡的機會；生活中許多快樂和幸福感，更是建立在舒適安心的人際關係互動中。

　　想要讓別人喜歡自己，我們可以在人際互動中運用同理心——理解對方的處境與感受，打開心扉真誠地聆聽與支持；展現適度的熱情——以對方的感受和需要為主要考量，給予適度的關心與陪伴；還可以做一些讓別人覺得開心溫暖的事情——當人們的基本心理需求被滿足時，會產生由衷的喜悅。想要讓彼此的關係更緊密，不妨，可以從一個具體的讚美開始喔！除了上述這些小技巧，可以幫助我們在與他人互動時，創造彼此愉快的互動經

驗之外，我們還可以運用「社會交換理論」，展現自己的價值，將所擁有的（金錢、時間、知識、技能……等）資源，與他人共享互惠，建立彼此的信任與忠誠關係。然而，這並不是在人際關係中爾虞我詐的算計，反之，能因此而更透澈地思考，更有效率地管理人際關係，從而獲得更多的成功與幸福。

吸星大法模組：

如果有一本看得見的人生存摺，您會在裡面存入什麼呢？銀行中有形的存簿，是我們替未來物質花用的預備，除了看得見的存款餘額之外，我們更應該要為自己的人生存摺多增加一點「資產」。唯有趁早開始規劃儲備，才有能力因應未來可能的風險與挑戰。想要擁有健康、成功、快樂的幸福人生，從現在起，您可以開始增加人生存簿裡的三大資源：

1. 身體資源：健康是一切的基礎，藉由維持運動鍛鍊、養成良好生活習慣、健康飲食、規律作息等方法，讓我們每天都可以為自己存入健康基金。從事運科研究多年與自己親身力行的經驗，強烈建議大家可以善用每個零碎的時間（一分鐘也不嫌少），只要一個小小的空

間，就可以善加利用：八字形走路法、單腳站／跳……等活動，增加心肺適能、鍛鍊下肢肌力。像是零存整付的概念，隨時隨地都可以增加健康存摺的餘額！

2. **心智資源**：擁有自由意志可以運行思考判斷，是人類之所以不斷進化的主要原因。然而因著每個人對於訊息的解讀能力不同，產出的反應結果也會不一樣。想要擁有成熟、清晰的思辨能力，就必須不斷地探索學習新事物，透過閱讀、觀察、參與各領域的活動，多元拓展生活經驗，學習將每個資訊做最佳化的 INPUT 跟 OUTPUT 處理，透過不斷地學習與經驗累積，增進訊息加工處理的能力，從而可以更精準地掌握事物的本質，提供理性客觀的思考和判斷。

3. **社會人際資源**：在吸引力模組中，已經了解到人際關係對於生活各面向的重要性，善用讓別人喜歡和您相處的小技巧，增加社會人際資源。發揮個體獨有的特色，成為他人倚重的靠山。當群體中的人們越能互相扶持，成為彼此的支柱，這個群體可以發揮的能量就會越強大，越能成為一個共好的社群，讓彼此在當中受益茁壯。

跨欄模組：

逆境是生命中無法避免的環節，不論在生活或工作中，人人都可能遭遇到困難和挫折。我們要思考的不是如何躲避困頓的發生，而應該是擬定好當逆境來襲時，該如何因應的策略；並且把注意力放在提升自我能力，不斷進化以面對未知的挑戰。

想要培養逆境思維，我們可以從改變態度開始，把逆境視為一個新的契機，一個可以突破自我的成長機會，當多數人還停留在抱怨、沮喪的低谷，您已經改變航向、轉變心境，用積極的態度面對挑戰。透過正向的轉念，可以幫助我們釐清思緒，屏除不必要的錯誤歸因，避免在死胡同裡繞圈。正向的情緒也會幫助大腦放鬆，讓我們產生更多的創意，更快找到突破瓶頸的方法；在探索的過程中，也提升了毅力與韌性；成功克服逆境的經驗，更能增加自我效能感！爾後，不但可以減少對未知挑戰的恐懼，當下次逆境來臨時，也會變得更有方向，即使遭遇挫敗，還是可以保有熱情、充滿信心，讓自己的能力持續地進化，無懼「逆境」的挑戰，甚至可以擁抱困難，成為珍貴的「稀有動物」！

奮力躍起跨越欄架的同時，您跨越的不只是欄架的高度，也戰勝了自己的恐懼，以及緊追在後的競爭者。

遷移模組：

　　遷移能力是人類學習和解決問題的重要能力之一。以學習動作技能來說，當學會腳踏車的基本操作與平衡控制感之後，再來學摩托車或其他類似的交通工具，應該就會比較容易掌握到操作的訣竅。曾聽過一個馬拉松的跑者分享，開始練跑時，自己的身體條件並不如其他夥伴，訓練的課表也常常只能勉強完成，儼然不是天生好手。但是經歷幾次的賽事之後，發現自己的成績一直都穩定維持在領先的秒數。仔細探究，才想起小時候曾經參加學校的管樂隊訓練，除了演奏技巧的相關練習之外，老師還特別著重呼吸調息的訓練。成為馬拉松跑者之後，想起曾經受過的訓練，因此結合了自己的配速與呼吸節奏，才能締造好的成績。管樂隊與馬拉松，本是兩件看似毫無無關的經驗，但經過拆解之後會發現，其中最根本的要件之一，竟是共同的元素！管樂的吹奏需要配合曲目節奏，調整呼吸展現強弱；長距離馬拉松競賽的勝敗，呼氣吐息之間，更有著跑者們的獨門訣竅！這無疑就是一種遷移能力的展現。

　　能將在情境 A 中學習的事物，應用至情境 A 以外的場域。這種能力就稱之為：遷移能力。一種利用既有知識經驗，更有效率學習未知技能的能力，能夠讓我們更快地

適應新環境；更靈活地應變生活中的各種變化，也會幫助我們在不同的領域中，更快找到自己的優勢，創造成功。

正向循環模組：

當我們感到沮喪時，會對眼前的事物失去動力，無法完成學習或工作任務；當我們感受幸福快樂時，會覺得萬物都變得美好，願意更勇敢地去嘗試新奇的事物，對未來充滿興奮期待。

人類的認知、情感與行為，是一個密不可分的網絡系統，彼此相互影響。任何情緒的起伏，都會左右我們的判斷決策，影響表現與成就。生活中有很多問題，往往都出在「心裡過不去」或是「明明知道卻做不到」的困境之中。這些「心理問題」對很多人而言，可能是一個看不見、摸不著的抽象感覺，不像生理上的不適，會有明顯的痛感，也不會在短時間內產生劇烈的影響，因此常常會被忽視。然而，當壓力、焦慮、缺乏動力與自信等心理問題不斷累積，會讓我們開始出現睡眠不足、飲食失調、情緒不穩、注意力不集中……等狀況，甚至可能產生孤獨感、躁鬱症、憂鬱症等疾病，嚴重影響生活品質。

「心理運作」是人類特有的心智與思維模式。用最簡單的方法理解，可以這樣思考：您在接受到訊息之後，會

怎麼想？接下來會怎麼做？

　　課堂上，老師突然說要抽考昨天教過的進度。

　　——完蛋了，根本沒準備，一定會搞砸；

　　——既然是抽考，就盡力去做，也順便檢視一下昨天
　　　　上課到底聽懂多少。

　　抵達公車站，前一班車正好離開。

　　——真倒楣！連公車都跟我作對，今天肯定要諸事不
　　　　順了；

　　——就利用這 10 分鐘的等車空檔，練習一下單腳站
　　　　立，讓下肢肌肉更有力！

　　透過生活中再普通不過的例子，就可以看出「心理」
對我們的影響。不同的心思意念，接續引發的連鎖反
應，朝哪個方向發展，都是我們的選擇與決定。沒有人
會立志要向下沉淪，只是礙於惡性的慣性反應，同時缺
乏正確的觀念與反覆地練習，才會陷入負面的心理循環。

　　「分子化通用心理技能」，是我首創心理技能訓練的
重要概念之一，將心理技能切割至微小的分子程度，並
以模組化的方式呈現給讀者，希望您能自由地從任何一
個細微的技能開始，循序漸進地將它融入在生活或工作

中，透過不斷地應用與熟稔，建立一個嶄新的良性慣性循環。

蝴蝶效應現象中，一個微弱的振翅，在經過數個複雜歷程作用之後，可以引發幾千公里外的龍捲風。在此，也想藉以鼓勵讀者，從今天開始您也可以透過一個微笑、一個轉念，開始啟動屬於您的蝴蝶效應，透過「分子化心理技能的訓練」，一步步成為更好的自己。於此同時，您會發現身邊的人、事、物，也正以您為榜樣，慢慢地開始產生微妙的變化，無論是工作、家庭或人際關係上，都跟著啟動了積極的力量，逐漸形成一個正向共好的微環境。在這樣的環境中，不僅可以感受到彼此的鼓勵與支持，也能從中增長見識、學習包容不同的觀點。啟動蝴蝶效應後，所帶來的正向改變，不僅利己，更能擴大影響力，啟發感染他人，為社會創造更多幸福與快樂的能量。

這正是我寫下本書的初衷。

改變，是一個辛苦的過程，需要勇氣克服痛苦與挑戰。
只要找到正確的方法，
這，即是蛻變重生的開始！

二 結語：分子化心理技能訓練帶來的蝴蝶效應

美食節目裡，廚藝精湛的大師，行雲流水地烹煮出一道道佳餚。迫不急待也想大展身手的您，好不容易將影片倒轉、暫停、重複迴放，終於記下完整食材與料理步驟之後，結果發現看似簡單的過程，自己操作起來卻手忙腳亂，最後的成品可能也完全不如預期。

為什麼？

明明是一樣的材料、一樣烹煮時間、一樣的步驟，卻有迥然不同的結果？

因為，我們沒看到為了在台前展現這幾分鐘的功力，大廚們可能經過數十甚至數百次地反覆練習，才有熟稔的技巧，才能穩定地呈現出完美作品。

因為，所有的技能都不會只是「紙上談兵」，一定得靠反覆「練習－修正」的過程（建構出穩定的神經迴路，不斷強化神經迴路的連結），才能越來越好。

優異的心理技能養成，更是如此。

「蝴蝶效應」，這個始於氣象學的論述，後來被引用以形容：原本微不足道的一件事，經過無數作用之後，可以引發一場完全超出預期的風暴。我希望透過這本書，也能啟動您心中微小的初始變化，並開始一步步將合適的

177

齒輪與零件，放入成功藍圖中運行作用，產出生生不息的動能，讓自己體驗成功、習慣成功，在不斷成功的良性循環中，讓心中那列蒸汽火車，持續順暢無阻地，奔馳在人生的康莊大道上。

期待讀者闔上此書的同時，已經擬好可以開始執行的行動方案，訂下了微目標，帶著全新的視野，看見自己微小卻具體的進步。並且越來越喜歡鏡中充滿自信的自己，更懂得懷抱一顆感恩的心，欣賞、讚美身邊的一切事物。

如果您在每次翻閱這本書的時候，都可以試著寫下執行的狀況或當下的感覺，每隔一段時間再回頭重新檢視時，不僅可以幫助您覺察到人生的存摺越來越富足，更可以看見自己不斷進化的每一小步。

期待這個改變的開端，就是啟動屬於您健康、快樂、成功的人生金鑰！

參考文獻

中島輝（2020）。活出自我肯定力：提升自信的關鍵六感，找回不怕受挫、受傷的心理實力，游韻馨譯，台北三采出版社。

www.apa.org https://www.apa.org/pi/aids/resources/education/self-efficacy. Retrieved 2022-09-20.

Bompa, T. O., & Buzzichelli, C. (2019). Periodization: Theory and Methodology of Training 6th Edition. Human Kinetics. https://books.google.com.twbooks?id=2f9QDwAAQBAJ

Creswell, J.D. (2017). Mindfulness Interventions. Annual Review of Psychology, 68, 491–516.

Davis, Jocelyn S. & Cable, John H. (2014). Positive Workplace: Enhancing Individual & Team Productivity. PM World Journal, 3(8), August. www.pmworldjournal.net Second Edition1

Glaveski, S. (2019). Where Companies Go Wrong with Learning and Development. Havard Business Review, https://hbr.org/2019/10/where-companies-go-wrong-with-learning-and-development

Jackson, Susan A. & Csíkszentmihályi, Mihály (1999), Flow in Sports: The Keys to Optimal Experiences and Performances, Champaign, Illinois: Human Kinetics Publishers.

Leahy, R.L.(2002). Pessimism and the Evolution of Negativity. Journal of Cognitive Psychotherapy: An International Quarterly, 16(3), 295-316.

Mitchell, M. S., Cropanzano, R.S., & Quisenberry, D.M. (2012). Social Exchange Theory, Exchange Resources, and Interpersonal Relationships: A Modest Resolution of Theoretical Difficulties. In K. Törnblom and A. Kazemi (eds.), Handbook of Social Resource Theory: Theoretical Extensions, Empirical Insights, and Social Applications, Critical Issues in Social Justice, DOI 10.1007/978-1-4614-4175-5_6, New York: Springer Science+Business Media.

Nicholls, J. 1984. "Conceptions of ability and achievement motivation". In Research on motivation in education: Student motivation, Edited by: Ames, R. and Ames, C. Vol. 1, 39–73. New York: Academic Press.

Ormrod, J., E. (2004). Human Learning, 4th Ed. Upper Saddle River, NJ: Pearson Prentice Hall.

Orth, U. & Robins, R.W. (2022). Is High Self-Esteem Beneficial? Revisiting a Classic

Question. American Psychologist, 77(1), 5-17.

Why Leadership Training Fails—and What to Do About It (hbr. org)

Robert Waldinger: What makes a good life? Lessons from the longest study on happiness

Schunk, D. H. (2004). Learning Theories: An Educational Perspective. Upper Saddle River, NJ: Pearson Prentice Hall.

身體文化 181

衝破慣性：善用分子心理行為法，治好你的 3 分鐘熱度

作　　　　者　洪聰敏
圖 表 提 供　洪聰敏
校 潤 彙 整　徐瑋甄
責 任 編 輯　廖宜家
主　　　　編　謝翠鈺
行 銷 企 劃　陳玟利
封 面 設 計　Day and Days Design
美 術 編 輯　劉秋筑

董 事 長　趙政岷
出 版 者　時報文化出版企業股份有限公司
　　　　　　108019 台北市和平西路三段 240 號 7 樓
　　　　　　發行專線　　　 (02)23066842
　　　　　　讀者服務專線　 0800231705．(02)23047103
　　　　　　讀者服務傳真　 (02)23046858
　　　　　　郵撥　　　　　 19344724 時報文化出版公司
　　　　　　信箱　　　　　 10899 台北華江橋郵局第 99 信箱
時報悅讀網　http://www.readingtimes.com.tw
法 律 顧 問　理律法律事務所　陳長文律師、李念祖律師
印　　　　刷　勁達印刷有限公司
初 版 一 刷　2023 年 6 月 16 日
初 版 四 刷　2024 年 5 月 3 日
定　　　　價　新台幣 340 元
缺頁或破損的書，請寄回更換

時報文化出版公司成立於一九七五年，
並於一九九九年股票上櫃公開發行，於二〇〇八年脫離中時集團非屬旺中，
以「尊重智慧與創意的文化事業」為信念。

衝破慣性：善用分子心理行為法,治好你的 3 分鐘熱度 / 洪聰敏著. --
初版 . -- 臺北市 : 時報文化出版企業股份有限公司 , 2023.06
　面；　公分 . -- (身體文化 ; 181)
　ISBN 978-626-353-849-8(平裝)

1.CST: 生理心理學　2.CST: 腦部

172.1　　　　　　　　　　　　　　　　112006975

ISBN 978-626-353-849-8
Printed in Taiwan